船舶噪声基础

Fundamentals of Ship Noise

车驰东 陆红干 许 斐 编著

上海交通大学 出版社
SHANGHAI JIAO TONG UNIVERSITY PRESS

内容提要

本书从船舶与海洋工程轮机专业本科生掌握船舶噪声基本原理,以及船舶设计院初级设计人员进行声学设计的专业需求出发,简要介绍了与船舶舱室空气声相关的理论、计算方法、测试、基本减振和降噪措施,及其相关应用。本书具体内容包括:① 声波动方程及描述声场的参量;② 声源与声场的特性;③ 船舶舱室空气声预报计算;④ 噪声测量技术及信号处理;⑤ 声学测试与信号处理;⑥ 船舶舱室空气声控制与改进,同时还在附录给出了声学设计和计算所需的经验公式及相关数据。

本书可供本科院校船舶与海洋工程专业师生使用,也可供船舶设计院等相关声学设计人员参考。

图书在版编目(CIP)数据

船舶噪声基础/ 车驰东,陆红干,许斐编著. —上
海:上海交通大学出版社,2023.11
ISBN 978 - 7 - 313 - 29417 - 3

Ⅰ. ①船… Ⅱ. ①车… ②陆… ③许… Ⅲ. ①船舶噪
声—噪声控制 Ⅳ. ①U661.44

中国国家版本馆 CIP 数据核字(2023)第 196600 号

船舶噪声基础
CHUANBO ZAOSHENG JICHU

编　　著:车驰东　陆红干　许　斐	
出版发行:上海交通大学出版社	地　　址:上海市番禺路 951 号
邮政编码:200030	电　　话:021 - 64071208
印　　制:苏州市古得堡数码印刷有限公司	经　　销:全国新华书店
开　　本:710 mm×1000 mm　1/16	印　　张:12
字　　数:207 千字	
版　　次:2023 年 11 月第 1 版	印　　次:2023 年 11 月第 1 次印刷
书　　号:ISBN 978 - 7 - 313 - 29417 - 3	
定　　价:48.00 元	

前　言

随着船舶现代化及自动化水平的不断提高,由大功率机电设备引起的噪声和振动问题也越来越受到船舶设计及管理人员的关注。自 2014 年 7 月 1 日第 MSC.337(91)号决议(MSC.337(91))通过的《船上噪声等级规则》实施以来,各设计单位对船舶噪声设计的要求也不断提高,以尽可能改善船上的宜居环境。早在 20 世纪 80 年代,美国相关行业协会就出版了 *Design Guide for Shipboard Airborne Nosie Control*,*T&R Bulletin*,其中详细整理了各类机电设备振动噪声源强度及不同传递的传递损失,并基于"S‐P‐R"系统分析提出了一套基于经验公式的船舶噪声振动快速预报方法。

相比较而言,我国的船舶声学设计起步相对较晚。传统船舶设计主要考虑的是强度、稳性、操纵性及动力性能等因素,而对于声学性能的研究一直处于次要地位,这使得对于船舶减振降噪的处理在大多数情况下都只能停留在"事后补救"的状态。直到第 MSC.337(91)号决议提出后,中国船级社(China Classification Society,CCS)相应推出了《船舶及产品噪声控制与检测指南》,对声学设计方法和流程进行了细化,这才使得早期声学设计的概念及重要性被逐步提上议程。

声学是一个综合性的大学科,理论声学的学习对数学、力学、材料学等学科基础有着较高的要求,是理工科本科生学习的难点。同时,船舶设计单位也希望在短时间内能够培养出满足声学设计需求的初级工程师。鉴于这个原因,本书编著团队综合了大量现有声学及船舶教材和工程材料,编写了这本入门级的简明船舶噪声教材,本着"快速"和"够用"的宗旨,力求让部分拥有一定数理基础的本科生及初级设计人员快速掌握船舶噪声相关的计算、测量、评估及改进等工作。本书共分 6 个章节:第 1 章是概述,第 2 章是声波动方程及描述声场的参考,第 3 章是声源与声场的特性,第 4 章涉及船舶舱室空气声预报计算,第 5 章是声学测试及信号处理,第 6 章是船舶舱室空气声控制与改进。此外在附录提供了舱室空气声快速预报的经验公式及经验数据,用于辅助设计人员的工程计算。上述内容可以满足早期船舶声学设计的基本要求,但鉴于其简明性及快速性需求,部分详细的理论推导并未涉及,读者可以自行参阅出版的相关文献深入学习。

本书由上海交通大学车驰东,上海船舶研究设计院徐旭敏、陆红干和许斐共同编著。感谢上海交通大学船舶海洋与建筑工程学院,以及上海船舶研究设计院的鼎力支持。感谢陈端石教授提供的技术材料及对本书提出的宝贵意见。

由于编者水平有限,书中存在不当之处,敬请读者不吝指正。

目　录

1 绪论 ……………………………………………………………………… 1

1.1 声波的物理概念 ………………………………………………… 1

1.2 噪声的分类及其控制方法 ……………………………………… 2

1.3 数学基础 ………………………………………………………… 3

　　1.3.1 简谐运动的数学表示 ……………………………………… 3

　　1.3.2 简谐量的复数表示——旋转矢量 ………………………… 4

　　1.3.3 傅立叶级数和傅立叶变换 ………………………………… 5

1.4 船舶噪声控制的学习内容 ……………………………………… 7

2 声波动方程及描述声场的参量 ………………………………………… 9

2.1 理想流体中的声波动方程 ……………………………………… 9

　　2.1.1 声学质点的概念 …………………………………………… 9

　　2.1.2 基本参数 …………………………………………………… 9

　　2.1.3 基本假设 …………………………………………………… 10

　　2.1.4 声波动方程的导出 ………………………………………… 11

　　2.1.5 一维声波动方程的通解(平面波) ………………………… 15

　　2.1.6 波数与声速 ………………………………………………… 16

2.2 声场的描述 ……………………………………………………… 17

　　2.2.1 声阻抗率 …………………………………………………… 17

　　2.2.2 场量和能量 ………………………………………………… 18

　　2.2.3 "级"的概念及物理意义 ………………………………… 20

2.3 噪声的评价 ……………………………………………………… 23

　　2.3.1 人耳与等响曲线 …………………………………………… 23

　　2.3.2 响度与响度级 ……………………………………………… 23

　　2.3.3 噪声的评价指标 …………………………………………… 25

2.4 亥姆霍兹共振腔 ………………………………………………… 27

3 声源与声场的特性 ································· 30

　3.1 声源模型 ······································· 30

　　3.1.1 单极子源(点声源) ······················ 30

　　3.1.2 偶极子源 ····························· 32

　　3.1.3 四极子源 ····························· 35

　　3.1.4 任意点源的组合 ······················· 36

　3.2 声场分类 ······································· 36

　　3.2.1 自由场 ······························· 37

　　3.2.2 扩散场 ······························· 39

　3.3 房间声学基础 ··································· 40

　　3.3.1 吸声系数及吸声量 ····················· 41

　　3.3.2 混响时间 ····························· 43

　　3.3.3 封闭空间的稳态声场 ··················· 45

　3.4 矩形房间内的驻波 ······························· 49

4 船舶舱室空气声预报计算 ······················· 52

　4.1 船舶舱室空气声概述 ····························· 52

　4.2 船舶主要噪声源及传递路径 ······················· 54

　　4.2.1 船舶噪声源 ··························· 54

　　4.2.2 船舶噪声传递路径 ····················· 55

　4.3 船舶舱室空气声预报方法 ························· 58

　　4.3.1 基于统计能量分析的预报 ··············· 58

　　4.3.2 基于"S-P-R"系统分析的快速预报 ······· 62

　4.4 快速预报计算实例 ······························· 73

　　4.4.1 计算对象描述 ························· 73

　　4.4.2 房间常数计算 ························· 74

　　4.4.3 噪声源强度 ··························· 75

　　4.4.4 主机舱空气声级 ······················· 78

　　4.4.5 驾驶室空气声级 ······················· 78

　　4.4.6 驾驶室总空气声级 ····················· 82

　4.5* 基于"额度分配"的早期声学设计(选读) ·········· 83

　　4.5.1 "额度分配"的概念及流程 ··············· 83

　　　4.5.2　分级化考量必要性 ·· 86
　　　4.5.3　结构噪声贡献量的处理 ·· 88

5　声学测试及信号处理 ·· 90
　5.1　声学测试概述 ·· 90
　5.2　测试系统组成 ·· 91
　5.3　测试用传感器 ·· 94
　　　5.3.1　振动传感器 ·· 94
　　　5.3.2　噪声传感器 ·· 96
　5.4　船舶噪声振动规范测试 ·· 100
　　　5.4.1　规范解读 ··· 100
　　　5.4.2　主要测试流程 ·· 101
　5.5　数字信号处理基础 ··· 104
　　　5.5.1　时域分析 ··· 104
　　　5.5.2　频谱分析 ··· 105
　　　5.5.3　时频分析 ··· 111

6　船舶舱室空气声控制与改进 ··· 116
　6.1　舱室空气声控制概述 ·· 116
　6.2　吸声减噪 ··· 117
　　　6.2.1　多孔吸声材料 ·· 117
　　　6.2.2　材料吸声系数的获取 ·· 119
　　　6.2.3　穿孔板与微穿孔板吸声 ·· 121
　6.3　隔声原理 ··· 122
　　　6.3.1　单层均质薄板的隔声量 ·· 123
　　　6.3.2　双层板及组合结构的隔声量 ···································· 127
　　　6.3.3　隔声罩 ··· 129
　　　6.3.4　声屏障 ··· 131
　6.4　消声器 ··· 133
　　　6.4.1　抗性消声器 ··· 134
　　　6.4.2　阻性消声器 ··· 137
　6.5　减振措施 ··· 138

6.5.1　减振器 ••• 139

6.5.2　阻尼材料 ••• 144

6.6　舱室空气声控制方法及改进建议 ••••••••••••••••••••• 145

6.6.1　噪声源 ••• 145

6.6.2　传递路径 ••• 145

6.6.3　接收点 ••• 151

附录1　船舶主要机电设备噪声源强度 ••••••••••••••••••••• 153

附录2　结构噪声和空气声相互转换 ••••••••••••••••••••••• 178

参考文献 ••• 182

绪 论

1.1 声波的物理概念

声音是一种物理现象,从时空的角度出发,它既可以理解为扰动的空间分布随时间的变化,又可以看作是扰动在空间的传递和扩散过程,这完全取决于从哪个角度或者基于何种数学模型去看待。

根据振动力学理论,任何有质量(惯性)及刚度(弹性)分布的系统都会发生振动,它可以看成是质点或者系统在某平衡位置附近的往复运动,且在此过程中质量和弹簧的动能和势能相互转化,同时,外激励输入能量,而阻尼耗散能量。所谓的"声"则是扰动或者振动状态在弹性介质中的传递过程。振动的必要条件是惯性和弹性,声的必要条件是声源(振源)和弹性介质,且在传递过程中介质微团同样处在动能和势能的交替转换中。因此,在物理学中,声的本质就是一种机械波,它既是参量随空间和时间的分布及变化,又是状态在空间传递的过程。

广义地讲,声传播可以定义为通过某种弹性介质,且以该介质的特征速度传递的一种扰动(包括压力、指点速度、应力等变化,甚至多种变化的综合)。需要指出的是,空间质点(煤质微团)在声传递过程中仅在其平衡位置附近发生微小振动,并通过动能和势能的相互转化将机械能传递出去,如果忽略介质的宏观运动,其平衡位置是不发生变化的。例如:当扬声器开启时,扬声器的振动会引起周边空气微团的振动,从而压缩外围空气,被压缩的空气微团势能增加,当压缩到极致时会发生反弹,空气微团向外膨胀,势能转化为动能,进而压缩更外围的空气微团……此过程不断向外传递,在扬声器周边的空气中不断产生"疏部"和"密部",从而将扰动由近及远地传播出去,直至人们的耳朵接收到这些扰动,便形成了声音在空气中的传递。在整个过程中,空气在宏观上是保持静止的。因此,声波传递的是能量流,而不是质量流。

声波是一种机械波,可以按质点振动方向与波的传播方向的关系、介质的变形模式进行分类。当介质质点的振动方向与波的传播方向一致时,称为纵波;当介质的振动方向与波的传播方向垂直时,称为横波。当介质发生压缩变形时,称为压缩波(属于纵波);当介质发生剪切或扭转变形时,称为剪切波或扭转波(属于横波);当介质发生弯曲变形时,称为弯曲波(属于横波,且只在固体中有)。声波可以在不同介质中传递,在空气中传播的称为空气声;在水中传播的称为水声;在固体结构中传递的称为结构噪声,结构噪声也是机械振动的一种。

人们通常说的声音属于空气声。人耳可以听到的声音频率范围大致在 20 Hz~20 kHz(也有部分参考资料和标准认为是 16 Hz~16 kHz),低于 20 Hz 的声称为"次声",高于 20 kHz 的声称为"超声"。人耳听不见次声,但会受到其影响,一般晕船和晕车就在这个范围内。超声对人体并无伤害,且可以在绝大部分物体中传播,故可作为探测用。所谓的"音"是指音频范围(20 Hz~20 kHz)内的有调声。而噪声是指人们不想要的声音,这些声音通常时域信号杂乱无章,频谱包含连续宽带成分,且幅度超过标准要求或人体可接受的范围。具体的噪声频谱分析会在后续章节详细介绍。

1.2 噪声的分类及其控制方法

绝大部分噪声对人们来说都是有危害的,尤其是在船舶舱室内的噪声,它不仅影响船舶的适居环境,也会干扰指令的正常传递,因此舱室空气声的抑制在船舶设计中非常重要。

噪声可以从不同角度进行分类。

(1) 按机电设备种类分,噪声可以分为柴油机噪声、汽轮机噪声、水泵噪声、风机噪声、齿轮箱噪声等,不同类型设备的噪声频谱特性不同,量级差异也很大。比如,主机舱内一些小型泵的噪声基本是被主柴油机所掩蔽的。

(2) 按噪声产生的机理出发,噪声主要分为机械结构振动型噪声和空气动力型噪声。前者是由机械零部件相互撞击、摩擦及力的传递,使机械构件(尤其是板壳结构)产生剧烈振动而辐射的噪声;后者是由气流中存在的非稳态过程、湍流及压力脉动、气体与管壁相互作用而产生的噪声,还包括进排气口处的辐射噪声。

(3) 按噪声传递路径分,可以分为空气声和结构噪声。空气声是通过空气途径传递至接收点的噪声,结构噪声是振动能量在结构中的传递过程。

任何一个噪声传递问题,都是一个从声源出发经过传递路径,最后达到接收点的过程,声源和路径可能不止一个,而接收点可以是人,也可以是仪器或设备。工程上噪声控制通常都按照"噪声源—传递路径—接收点"这三个环节进行,称为噪声控制的"系统方法"。

1) 噪声源控制

对噪声的控制,首先要考虑对声源本身的控制,这是最直接和最根本的方法之一。通常是在设计阶段将噪声级作为一个技术指标,根据设计图纸进行噪声预报,然后针对性地优化改进,实现"低噪声设计"。通常对噪声源可采取的控制措施包括:① 选用或更换安静型设备;② 降低激励力幅值,如用连续旋转机械替换不连续往复运动机械、加强对中、减少摩擦等;③ 改变激励频率(调整设备转速),使激励频率避开结构固有频率等;④ 降低声辐射,如将大面积板件改为开孔板或者小型金属网格等。

2) 传递路径控制

传递路径控制主要是在噪声船舶过程中对其进行隔离、吸收、阻挡及衰减,也可以称为噪声防护设计,其主要措施包括:① 改变声源指向性或位置;② 吸声和隔声;③ 隔振装置;④ 阻波或阻尼材料;⑤ 消声器。

3) 接收点控制

对于接收者的保护措施相对较少,且不作为优先考虑的措施,在只有噪声源和路径控制都无法解决的情况下才会采取的补救措施。接收点控制主要包括:① 减少噪声暴露时间;② 戴耳塞或防护耳罩;③ 采用隔声罩或者隔音箱。

除了上述控制防护措施外,随着计算机技术的发展,还出现了振动与噪声的主动控制手段,其基本原理是利用声的波动性进行相消干涉,即用幅值相等相位相反的次级控制信号抵消初级噪声信号。主动降噪依赖于良好的算法及传感器和控制技术,适用于低噪声控制。目前在管道低频消声中具有较好的效果,但大型三维空间的主动降噪投资巨大且效果有限,因此在船舶机舱噪声控制中基本没有应用。

1.3 数学基础

1.3.1 简谐运动的数学表示

简谐运动是最简单的周期运动,简谐函数也是波动学最简单的数学表述,它可以用正弦或余弦函数表示为

$$x(t) = A\sin(\omega t + \varphi) \tag{1-1}$$

其中:A 为简谐运动幅值;φ 为初相位,即 $t=0$ 时刻的相位为圆频率;$\omega = \dfrac{2\pi}{T}$ 为

圆频率;T 为周期。由上式可见:振幅、周期和初相位是简谐运动的三要素。由于数学上正弦函数与余弦函数仅仅在相位上差了 $\pi/2$,也就是说余弦函数可以通过正弦函数平移 1/4 周期而获得,因此工程上正弦和余弦函数是等价的,统称为"正弦函数",也称为简谐变化的函数。

若式(1-1)中 $x(t)$ 表示的是质点或刚体的位移,那么其对时间的一阶导数和二阶导数分别表示为其速度和加速度,显然存在以下关系

$$\frac{\mathrm{d}^2 x(t)}{\mathrm{d}t^2} + \omega^2 x(t) = 0 \tag{1-2}$$

上式就是著名的亥姆霍兹方程,这说明简谐函数满足该方程。

1.3.2 简谐量的复数表示——旋转矢量

除了质点运动位移、速度和加速度以外,许多物理量都可以按正弦规律变化,也叫简谐变化量。根据欧拉公式 $\mathrm{e}^{\mathrm{j}x} = \cos x + \mathrm{j}\sin x$,简谐时变函数还可以写为

$$Z(t) = A\mathrm{e}^{\mathrm{j}(\omega t + \varphi)} = A\cos(\omega t + \varphi) + \mathrm{j}A\sin(\omega t + \varphi) \tag{1-3}$$

由式(1-3)可见,$Z(t)$ 是一个复变函数,它表示的是在复平面内到原点距离为 A 的某个点 Z 从初始复角 φ 出发,绕原点以 ω 为圆频率旋转形成的时变轨迹,而该轨迹在实轴和虚轴上的投影分别是正弦函数和余弦函数曲线(见图1-1)。比较图(1-1)和式(1-3),不难发现 $x(t)$ 和 $Z(t)$ 都包含了幅值 A、圆频率 ω,以及初相位 φ 的信息,且由这三者确定,因此复变函数 $Z(t)$ 和实变正弦函数对简谐变化的描述是等价的。理论研究中一般更偏向于使用 $Z(t)$,这是因为复变函数表达下简谐函数的四则运算与积分和求导更为简便。

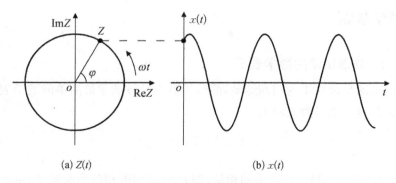

(a) $Z(t)$ (b) $x(t)$

图1-1 简谐函数的复数表示

声学上称以式(1-3)形式表达的简谐变化 $Z(t)$ 为一个"旋转矢量"。需要指出的是：这里的旋转矢量和普通物理学意义上的矢量是有区别的。物理学上的矢量是指不仅有大小还有方向的量，如力、速度等；而旋转矢量仅表示参量的时变过程是一个简谐函数，可以用复平面上一个绕原点旋转的二维向量来表示，与参量本身是矢量还是标量没有关系。例如，声压本身是一个标量，但它如果随时间简谐变化，就可以写成旋转矢量的形式

$$p(t) = A \mathrm{e}^{\mathrm{j}(\omega t + \varphi)} = A \mathrm{e}^{\mathrm{j}\varphi} \mathrm{e}^{\mathrm{j}\omega t} = \hat{A} \mathrm{e}^{\mathrm{j}\omega t} \tag{1-4}$$

其中：$\hat{A} = A \mathrm{e}^{\mathrm{j}\varphi}$ 称为复幅值，即将初相位影响计入幅值。

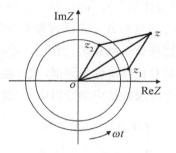

图 1-2　旋转矢量叠加

旋转矢量对时间的求导和积分只要相应地乘以或除以 $\mathrm{j}\omega$ 即可，而其加法在 ω 相同的情况下满足"平行四边形原则"，即两个同频率的旋转矢量叠加等于以这两个旋转矢量为邻边构成的平行四边形对角线所表示的旋转矢量(见图 1-2)。用数学公式表示为

$$Z = Z_1 + Z_2 = A_1 \mathrm{e}^{\mathrm{j}\omega t} + A_2 \mathrm{e}^{\mathrm{j}(\omega t + \varphi)} = A \mathrm{e}^{\mathrm{j}(\omega t + \varphi')} \tag{1-5}$$

其中：$A = \sqrt{A_1^2 + A_1^2 + 2A_1 A_2 \cos \varphi}$，$\varphi' = \arctan \dfrac{A_2 \sin \varphi}{A_1 + A_2 \cos \varphi}$。

1.3.3　傅立叶级数和傅立叶变换

在实际问题中遇到的更多的往往是周期运动或参量的周期变化，根据高等数学相关原理，周期函数与简谐函数之间存在一定联系。假设某周期函数 $f(t) = f(t + T)$，其周期为 T，且满足函数在一个周期内连续或只包含有限个第一类间断点，并且在这个周期内只存在有限个极大与极小值，则这个周期函数可以展开为

$$f(t) = \sum_{i=0}^{\infty} (a_i \cos i\omega t + b_i \sin i\omega t) = \sum_{i=0}^{\infty} R_i \sin(i\omega t + \varphi_i) \tag{1-6}$$

其中：$\omega = 2\pi / T$ 称为基频；$a_0 = \dfrac{1}{T} \int_0^T f(t) \mathrm{d}t$；$a_i = \dfrac{2}{T} \int_0^T f(t) \cos i\omega t \, \mathrm{d}t$；$b_i = \dfrac{2}{T} \int_0^T f(t) \sin i\omega t \, \mathrm{d}t$ $(i = 1, 2, \cdots, n)$；$R_i = \sqrt{a_i^2 + b_i^2}$；$\varphi_i = \arctan \dfrac{a_i}{b_i}$。

若 $f(t)$ 为复变函数,则可以写为

$$f(t) = \sum_{i=0}^{\infty} (\hat{A}_i e^{j \cdot i\omega t}) \tag{1-7}$$

其中: $\hat{A}_i = \dfrac{1}{T} \displaystyle\int_0^T f(t) e^{-j \cdot i\omega t} dt, \ (i = 0, 1, 2, 3 \cdots)$。

式(1-6)和式(1-7)即为傅立叶级数的实数和复数表达形式,它表明满足假设的周期函数可以表示为一系列圆频率为"基频"整数倍的简谐函数的叠加(线性组合)。每一个 $\omega_i = i \cdot \omega (i$ 倍频,$i = 0, 1, 2 \cdots)$ 分量都对应一组实数 R_i 和 φ_i 或复数 $\hat{A}_i$,表征该频率分量正弦函数的幅值和相位。将 R_i 随 ω_i 的变化画成图像就是幅频图,而将 R_i 随 φ_i 的变化画成图像就是相频图,如图1-3所示。幅频和相频统称为频谱,它反映出不同简谐(单频)分量对周期函数的贡献,因此傅立叶级数是声学分析中"频谱分析"的基础。

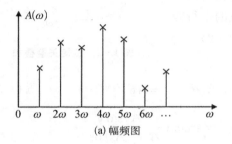
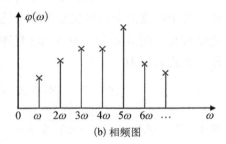

(a) 幅频图　　　　　　　　　(b) 相频图

图1-3　周期函数的频谱

根据定义式,周期函数的幅频和相频都是一系列离散点或者垂直线(也叫谱线),且周期 T 越长,ω 越小,谱线越密。若取 $e^{j\omega t}$ 作为基函数,当 $T \to \infty$ 时,$\omega = \dfrac{2\pi}{T} \to 0$,则式(1-7)中的求和变为积分,傅立叶级数变为傅立叶变换(fast fourier transform,FFT)

$$f(t) = \frac{1}{2\pi} \int_{-\infty}^{+\infty} F(\omega) \cdot e^{j\omega t} d\omega \tag{1-8}$$

其中: $F(\omega) = \displaystyle\int_{-\infty}^{+\infty} f(t) e^{-j\omega t} dt$。

在对船舶噪声进行分析时,无论是计算还是测量都不可能进行无限长时间。工程上更多的是考量一段时间内噪声或振动的频谱特性而无视其非周期性,因此往往是将一段数据进行周期延拓,利用傅立叶级数对其进行频谱分析。且在

处理时,频率分量也不可能取到无穷多项,通常是取到足够大的 N($N \cdot \omega$ 大于分析所要求的最高频率 ω_{max})项即可。这就使得基于傅立叶级数的频谱分析一定会存在截断误差。

1.4 船舶噪声控制的学习内容

理论声学的学习对数学基础要求较高,且声学原理相对较为复杂,但就工程应用而言,并不需要用到很复杂的理论和数学运算。从一个初级的噪声振动控制技术人员出发,学习并掌握以下相关内容,对于从事船舶舱室空气声研究与控制是非常必要且有所帮助的。

1) 声学的基本概念和原理

声学的基本概念和原理主要包括:声学基本模型和方程、描述噪声和声场的量、噪声的评价方法,以及简单的房间声学基础。这些内容属于声学基础理论的层次,严格的数理推导固然重要,但不是必要的。对于工程应用而言,这部分内容的重点在于明确并深入理解声学概念,同时对噪声问题有一个总的认识。大部分工程设计都是规范设计,也就是参考规范和标准进行设计操作,因此概念的明确就显得非常重要,比如:源强度到底该用声压级还是声功率级来描述;倍频带频谱和窄带谱有何差异,该如何选用;级差是否可以进行相对误差计算等。若不能将基本概念解释清楚,那么所有的分析都是有问题的。本书第 2 章、第 3 章就是针对这部分内容的介绍。

2) 声学计算及预报的基本方法

绝大部分声学问题的计算都是依赖数值仿真软件或者经验公式而进行的,利用解析方法直接求解声学方程在工程上基本没有可行性,也不是首选的方法。在明确声学基本概念的基础上,了解主流的数值计算软件以及常用的经验方法,并能使用其中的一种或多种就实际船舶舱室空气声问题进行预报和计算是初学者必须掌握的技能。对于仿真软件的学习,可以不要求对算法原理的详细和深入理解,但必须知道或了解算法的基本思路,比如有限元的思路是离散和分片插值;统计能量分析的思路是将能量在模态上进行平均等。理解算法思路,可以帮助你认识到算法的优势与局限,也有助于对结果进行初步判断。随后就是要掌握软件操作的具体流程,包括每一步操作的目的和输入输出等。再往后才是高级的操作和细节处理技巧。本书第 4 章是噪声预报的相关内容,同时包括了基于经验数据的快速预报方法。

3）声学测量方法与规范测量

在噪声预报与控制中，除了理论分析和数值计算外，常常会涉及测试的相关内容。声学测量可以提供较为精确的源强度和材料声学性能等参数，也能为评估和标准提供依据。这部分内容包括熟悉各类测试设备，构建测试系统，根据规范和标准进行噪声振动测量。此外，为了保证测试结果可以转化为有用的形式，还涉及了数字信号处理的一些基础知识。测试的关键是明确信号及数据类型的转换与传输过程，在保证采集到参量的原始时间序列后，大部分结果都可以通过数据处理而获得。测试相关内容在本书第5章有详细介绍。

4）船舶减振降噪措施

对于船舶舱室减振降噪而言，除了计算和测量外还必须掌握一些常用且必要的减振降噪手段。绝大部分降噪措施都是具有针对性而并非普适的，初级的工程技术人员可以不用详细掌握各类措施的减振降噪量的具体理论推导，但必须正确理解措施的起效原理，进而掌握其适用性和局限性。本书第6章对目前工程上使用较普遍且实施较为简便的减振降噪措施做了相关介绍，但掌握这些基本手段并不代表所有船舶舱室空气声问题就得以解决。噪声控制是一个系统工程，需要具体问题具体分析，工程噪声控制必然是减振措施、实施工艺及成本等问题综合考虑后的结果，依赖于工程经验的积累。

声波动方程及描述声场的参量

2.1 理想流体中的声波动方程

2.1.1 声学质点的概念

空气声是一种在空气中传播的纵波或压缩波,也就是压力、速度随时间和空间的变化,在声学分析中可用声波动方程对其进行描述,这就需要建立相应的数理模型。在经典数学物理方法中,声波动方程的导出往往是针对具有代表性的介质微团而展开的,这个微团就是声学质点,在直角坐标系下可简单描述为长宽高分别为 dx、dy、dz 的立方体微元。

从微观上看,声学质点包含极大数量的分子,这些分子在微团内作高速不规则运动,但在统计学上,其总体平均速度为零。因此理论分析中对于单个分子的运动状态不予考虑。同时从宏观上看,声学质点的体积又足够小,以至于其内部的密度、温度、压力及宏观振动速度等参数可视为均匀一致。质点有一定质量(惯性),其体积可随压力变化,具有一定弹性。

2.1.2 基本参数

存在声波的空间称为声场,描述声场的基本参数有声压、质点振速、温度和压力。但在没有声场的空间里,这些参数依然存在,只是以一个相对非常缓慢的速率变化着。这种缓慢的变化相对于声波的频率而言是非常小的,可以看作准静态的平衡量,因此声波传递引起的参数变化相当于在某平衡量上叠加了一个微小的扰动(脉动量)。假设平衡状态下的大气压力为 P_0,空气均匀流速为 U_0,密度为 ρ_0,温度为 T_0,声场中某一时刻的参数分别为 $P(x, y, z, t)$,$U(x, y, z, t)$,$\rho(x, y, z, t)$ 以及 $T(x, y, z, t)$,则叠加在平衡量上的脉动量可以表示为

声压 $p(x, y, z, t) = P(x, y, z, t) - P_0$

质点振速 $u(x, y, z, t) = U(x, y, z, t) - U_0$

密度增量 $\rho'(x, y, z, t) = \rho(x, y, z, t) - \rho_0$

温升 $T'(x, y, z, t) = T(x, y, z, t) - T_0$

表 2 - 1 所示的是 20℃、130 dB、1 000 Hz 的空气声参数与平衡量的比较。由上述数据比较可见,在线性声学中,这些脉动量远小于平衡量,却是主要关注的对象。这些参量中,由于声压测量比较容易实现,且通过声压可以间接求得其他参量,因此工程上以声压为最常用的基本参数。

表 2 - 1 声学参数与平衡参数的比较

参　量	数　　值	比　值
质点振速 u /(m/s)	0.152	0.000 44
空气声速 c_0 /(m/s)	343	
温升 T' /K	0.05	0.000 17
空气温度 T_0 /K	293	
声压 p /Pa	63.2	0.000 63
大气压 P_0 /Pa	1.01×10^5	
密度增量 ρ' /(kg/m³)	0.000 55	0.000 45
空气密度 ρ_0 /(kg/m³)	1.21	

2.1.3　基本假设

在数学建模过程中为了简化分析,通常需要对介质中的声传播过程作出一些假设,从而使得模型变得简单明了且易求解。尽管这些假设会给数学物理模型的适用范围带来一定局限性,却可以使得分析过程大大简化。

推导声波在理想流体中传播的波动方程,需作出以下假设:

(1)介质为理想流体,不存在黏性。因而声波在介质中传播时不存在剪切,以压缩波为主,且没有能量损耗。

(2)无声扰动时介质在宏观上处于静止状态,即均匀流速 $U_0 = 0$。同时介质是均匀的,即平衡状态下的大气压 P_0、密度 ρ_0 及温度 T_0 均为常数。

（3）声波传递是绝热的。根据工程热力学相关理论，常温下空气声传播速度约为 340 m/s，而空气中热扩散的速度大约为 0.5 m/s，声波传递的速度远远大于热扩散的速度，在其传递过程中热量来不及扩散，故可以假定为绝热过程。

（4）小变形（小振幅）假设，即声传播过程中参量的变化远远小于平衡量，方程可以线性化。所谓线性化是指变量的泰勒展开取到线性项，高阶项均可忽略。

2.1.4　声波动方程的导出

所谓"方程"，是指带有未知数的等式，也就是物理量之间的对等关系，通常可以通过"位移连续""力（力矩）平衡"以及"能量平衡"来建立。基于上述假设，利用经典力学及热力学理论，确定不同参数间的相互关系，如图 2-1 所示。

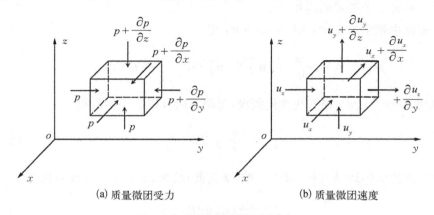

(a) 质量微团受力　　　　　　　(b) 质量微团速度

图 2-1　质量微团受力及速度图

1）运动方程

运动方程是微团的受力平衡条件，是声压 p、密度 ρ 和质点振速 u 间的相互关系，它可以通过牛顿第二定律获得。对于具有代表性的介质微团，其质量为

$$dm = \rho dx dy dz = \rho dv \qquad (2-1)$$

微团的速度矢量可以表示为 $u = u_x i + u_y j + u_z k$，其中 i、j、k 分别为三个方向的单位矢量。因此，微团加速度即速度对时间的全微分可以表示为

$$a = \frac{du}{dt} = \frac{\partial u}{\partial t} + \frac{\partial u}{\partial x}u_x + \frac{\partial u}{\partial y}u_y + \frac{\partial u}{\partial z}u_z \qquad (2-2)$$

计哈密尔顿算子为 $\nabla = \frac{\partial}{\partial x}i + \frac{\partial}{\partial y}j + \frac{\partial}{\partial z}k$，这是一个矢量算子，则式（2-2）可

写作

$$a = \frac{\mathrm{d}\boldsymbol{u}}{\mathrm{d}t} = \frac{\partial \boldsymbol{u}}{\partial t} + (\boldsymbol{u} \cdot \nabla)\boldsymbol{u} \tag{2-3}$$

上式第一项为当地加速度(对于声学假设,这项等于6),对第二项为迁移加速度。再看单元受力情况,若忽略黏性力,而理想流体中的压力 P 则为标量,且平衡压力 P_0 可以相互抵消,则根据图 2-1 所规定的坐标系,作用在三个方向上的合力为

$$\Sigma \boldsymbol{F} = -\left(\frac{\partial p}{\partial x}\boldsymbol{i} + \frac{\partial p}{\partial y}\boldsymbol{j} + \frac{\partial p}{\partial z}\boldsymbol{k}\right)\mathrm{d}x\,\mathrm{d}y\,\mathrm{d}z = -\nabla p \cdot \mathrm{d}v \tag{2-4}$$

这里要注意 ∇ 和 $\nabla \cdot$ 的区别,前者表示矢量算子作用在某参量上,而后者表示矢量算子和另一个矢量的内积。

根据牛顿第二定律:$\Sigma \boldsymbol{F} = \mathrm{d}m \cdot \boldsymbol{a}$,得

$$\rho \cdot \left(\frac{\partial \boldsymbol{u}}{\partial t} + (\boldsymbol{u} \cdot \nabla)\boldsymbol{u}\right) \cdot \mathrm{d}v = -\nabla p \cdot \mathrm{d}v \tag{2-5}$$

考虑到 $\rho = \rho_0 + \rho'$,根据线性化假设,忽略二阶及以上小量后得

$$\rho_0 \cdot \frac{\partial \boldsymbol{u}}{\partial t} + \nabla p = 0 \tag{2-6}$$

这就是理想流体运动方程,对于一维(平面波)情况,$\boldsymbol{u} = u_x$,方程简化为

$$\rho_0 \cdot \frac{\partial u_x}{\partial t} + \frac{\partial p}{\partial x} = 0 \tag{2-7}$$

2)连续方程

连续方程也叫质量守恒方程,它反映密度增量 ρ' 与质点振速 $\bar{u}$ 的相互关系。对于具有代表性的流体质量微团,为保持其质量守恒,$\mathrm{d}x\,\mathrm{d}y\,\mathrm{d}z$ 构成的体积微元 $\mathrm{d}v$ 中单位时间内质量的变化必须等于同时间内进入该微元的净质流量。

假设流入质量为正,速度方向如图 2-1 所示,单位时间内通过 6 个面的净质流量可以表示为

$$\left(\frac{\partial(\rho u_x)}{\partial x} + \frac{\partial(\rho u_y)}{\partial y} + \frac{\partial(\rho u_z)}{\partial z}\right)\mathrm{d}x\,\mathrm{d}y\,\mathrm{d}z = \rho\nabla \cdot \boldsymbol{u} \cdot \mathrm{d}v = \rho_0\nabla \cdot \boldsymbol{u} \cdot \mathrm{d}v,$$

微元团内单位时间质量变化为 $\dfrac{\mathrm{d}(\rho\,\mathrm{d}v)}{\mathrm{d}t} = \dfrac{\partial(\rho_0 + \rho')}{\partial t}\mathrm{d}v = \dfrac{\partial\rho'}{\partial t}\mathrm{d}v$。忽略高阶小量,质量守恒方程可以写成

$$\frac{\partial \rho'}{\partial t} + \rho_0 \nabla \cdot \boldsymbol{u} = 0 \qquad (2-8)$$

对于一维情况，方程可以简化为

$$\frac{\partial \rho'}{\partial t} + \rho_0 \frac{\partial u_x}{\partial x} = 0 \qquad (2-9)$$

3）状态方程

状态方程也叫绝热方程，根据基本假设，声波的传递过程是绝热过程。理想气体绝热过程存在关系式 $Pv^\gamma =$ 常数，即 $P/\rho^\gamma =$ 常数。根据热力学参数的相互关系，理想气体中声速 c 和状态参数存在如下关系

$$c^2 = \left(\frac{\partial P}{\partial \rho}\right)_S = \gamma RT \qquad (2-10)$$

其中：γ 为绝热指数，R 为气体常数，T 为开尔文温度。对 P 和 ρ 进行泰勒展开，忽略二阶及二阶以上小量。

式（2-10）所代表的状态方程可以简化为

$$p = c^2 \cdot \rho' \qquad (2-11)$$

4）声波动方程

运动方程、连续方程和状态方程表征了描述声场的基本参数间的相互关系，但它们不是声波动方程。声波动方程描述的是某一个参量随时间和空间的变化，可以由上述三个方程经消元后导出，简单概括如图 2-2 所示。

图 2-2　方程关系图

式（2-6）、式（2-7）两边点乘哈密尔顿算子（或者对 x 求偏导）得

三维
$$\rho_0 \nabla \cdot \frac{\partial \boldsymbol{u}}{\partial t} + \nabla \cdot \nabla p = 0 \qquad (2-12)$$

一维
$$\rho_0 \frac{\partial^2 u_x}{\partial t \partial x} + \frac{\partial^2 p}{\partial x^2} = 0 \qquad (2-13)$$

式（2-8）、式（2-9）两边对 t 求偏导得

三维

$$\frac{\partial^2 \rho'}{\partial t^2} + \rho_0 \nabla \cdot \frac{\partial \boldsymbol{u}}{\partial t} = 0 \qquad (2-14)$$

一维

$$\frac{\partial^2 \rho'}{\partial t^2} + \rho_0 \frac{\partial^2 u_x}{\partial t \partial x} = 0 \qquad (2-15)$$

将式(2-14)、式(2-15)与式(2-12)、式(2-13)相减,再利用式(2-11)将ρ'代换为p得

三维

$$\nabla^2 p = \frac{1}{c^2} \frac{\partial^2 p}{\partial t^2} \qquad (2-16)$$

一维

$$\frac{\partial^2 p}{\partial x^2} = \frac{1}{c^2} \frac{\partial^2 p}{\partial t^2} \qquad (2-17)$$

其中:$\nabla^2 = \nabla \cdot \nabla$ 为拉普拉斯算子,其在不同坐标系下的表达分别为

直角坐标　　$\nabla^2 = \dfrac{\partial^2}{\partial x^2} + \dfrac{\partial^2}{\partial y^2} + \dfrac{\partial^2}{\partial z^2}$

圆柱坐标　　$\nabla^2 = \dfrac{1}{r} \dfrac{\partial}{\partial r} \left(r \dfrac{\partial}{\partial r} \right) + \dfrac{1}{r^2} \dfrac{\partial^2}{\partial \theta^2} + \dfrac{\partial^2}{\partial z^2}$

圆球坐标　　$\nabla^2 = \dfrac{1}{r^2} \dfrac{\partial}{\partial r} \left(r^2 \dfrac{\partial}{\partial r} \right) + \dfrac{1}{r^2 \sin \theta} \dfrac{\partial}{\partial \theta} \left(\sin \theta \dfrac{\partial}{\partial \theta} \right) + \dfrac{1}{r^2 \sin^2 \theta} \dfrac{\partial^2}{\partial \varphi^2}$

式(2-16)、式(2-17)即声波动方程,它是一个表征声压随时间和空间变化的双曲型偏微分方程。类似,可以导出以质点振速 $\boldsymbol{u}$ 或密度增量 ρ' 表示的声波动方程为

三维

$$\begin{cases} \nabla^2 \boldsymbol{u} = \dfrac{1}{c^2} \dfrac{\partial^2 \boldsymbol{u}}{\partial t^2} \\[2mm] \nabla^2 \rho' = \dfrac{1}{c^2} \dfrac{\partial^2 \rho'}{\partial t^2} \end{cases} \qquad (2-18)$$

一维

$$\begin{cases} \dfrac{\partial^2 u_x}{\partial x^2} = \dfrac{1}{c^2} \dfrac{\partial^2 u_x}{\partial t^2} \\[2mm] \dfrac{\partial^2 \rho'}{\partial x^2} = \dfrac{1}{c^2} \dfrac{\partial^2 \rho'}{\partial t^2} \end{cases} \qquad (2-19)$$

这两类方程同样是双曲型偏微分方程,但由于质点振速和密度增量在工程上很难直接测得,因此这两类方程通常很少使用。同时,对于一维情况,为简化

计 u_x 可以直接写作 u。

2.1.5 一维声波动方程的通解(平面波)

在声波传递过程中,若声压或者质点振速沿两个方向的空间变化远小于其沿第三个方向的,可以近似认为参数对这两个方向的空间导数等于0,这时波阵面的形状是一个平面,因此称为平面波。设想在无限均匀媒质中,有一个无限大的平面沿其法线方向来回振动,在空气中产生的就是平面波,且沿其法线方向直线传播。工程上,刚性活塞在直线管道内的振动所辐射的声波在管道里的传播也可以近似看作平面波。

1) 分离变量法

平面波可以用一维声波动方程来描述,这时声压是时间 t 和空间位置 x 的函数,即 $p = p(x, t)$。利用分离变量法,设 $p(x, t) = \tilde{p}(x) \cdot \Phi(t)$,代入式(2-15)可以将偏微分方程分解为两个常微分方程

$$\begin{cases} \dfrac{\mathrm{d}\tilde{p}(x)}{\mathrm{d}x^2} + k^2 p(x) = 0 \\ \dfrac{\mathrm{d}\Phi(t)}{\mathrm{d}t^2} + \omega^2 \Phi(t) = 0 \end{cases} \qquad (2-20)$$

其中: $\omega = 2\pi f$ 为圆频率(rad/s), $k = \omega/c$ 称为波数。求解式(2-20)中的两个常系数常微分方程,可得在简谐条件下(扰动以某固定圆频率 ω 变化),声压 p 的通解为

$$p(x, t) = (p_A \mathrm{e}^{jkx} + p_B \mathrm{e}^{-jkx}) \cdot \mathrm{e}^{j\omega t} \quad \text{(复数解)} \qquad (2-21)$$

$$p(x, t) = (p_A \cos kx + p_B \sin kx) \cdot \cos(\omega t + \varphi_0) \quad \text{(实数解)} \quad (2-22)$$

其中: p_A 和 p_B 是幅值, φ_0 是初相位。式(2-21)和式(2-22)都能满足一维声波动方程式(2-1),这两个解是等价的,只是式(2-21)用复数表示,式(2-22)用实数表示。可见,声压是一种振动分布随时间的变化,即在某一特定时刻 t_0 空间声压按 $\tilde{p}(x) = (p_A \mathrm{e}^{jkx} + p_B \mathrm{e}^{-jkx}) \cdot \mathrm{e}^{j\omega t_0}$ 分布,而对于某空间位置 x_0,声压以特定的幅值 $(p_A \mathrm{e}^{jkx_0} + p_B \mathrm{e}^{-jkx_0})$ 做简谐变化。

2) 达郎贝尔公式(行波解)

根据达郎贝尔方法,式(2-14)对应的特征线为: $x \pm ct = 0$。或者换一种说法,式(2-15)的解未知,但是从方程的形式来看形如 $p(x, t) = f(x \pm c_0 t)$ 的表

达式一定能满足方程。考虑到振动分析中,时变项经常写作 $e^{j\omega t}$,因此方程的通解可以写成复数表达如下

$$p(x, t) = p^{+} e^{j(\omega t - kx)} + p^{-} e^{j(\omega t + kx)} \qquad (2-23)$$

其中: p^{+} 和 p^{-} 是复幅值。这个解从数学上讲和式(2-21)一致,但在物理意义上截然不同。

分析 $e^{j(\omega t \pm kx)}$ 这两项,它在复平面上是一个单位圆,在声学里被称为旋转矢量。它的模恒为1,而 $\omega t \pm kx$ 则为其复角。若 $\omega t \pm kx$ 保持不变,即对于任意两个时空向量 (x_1, t_1) 和 (x_2, t_2),都满足 $\omega t_1 \pm kx_1 = \omega t_2 \pm kx_2$,则根据式(2-21)必然存在结果 $p(x_1, t_1) = p(x_2, t_2)$。可以认为 t_1 时刻在 x_1 处的压力状态与 t_2 时刻在 x_2 处的压力状态相同。或者说波阵面用了 $t_2 - t_1$ 时间从 x_1 处传递到了 x_2 处。因此 $c = \omega/k = \pm \dfrac{x_2 - x_1}{t_2 - t_1}$ 表征的是波阵面(等相位面或等压力面)的传播速度,其中正号表示沿 x 轴正向传递,负号表示负向传递。如此由式(2-23)所表示的解可以理解为分别沿 x 轴正向与负向传递的两列平面波压力波的叠加。

2.1.6 波数与声速

声波是声压等的时空变化,根据波动理论,声速 c、波长 λ 和频率 f 应满足 $c = \lambda \cdot f$,且 $\omega = 2\pi f = \dfrac{2\pi}{T}$(rad/s),则波速为

$$k = \frac{\omega}{c} = \frac{2\pi f}{c} = \frac{2\pi}{\lambda} \text{ (rad/min)}$$

声源振动一个周期,振动相位变化为 2π,声波向外传递一个波长,如图2-3所示。ω 与周期 T 对应,表示单位时间内的振动相位变化,是时间域的圆频率。而波数 k 与波长 λ 对应,表示声波传递单位距离引起的相位变化,是空间域的圆频率。

在本书中所说的声速,指的是波阵面或者等相位面传播的速度,也称为"相速度",它既是一个声学参数,也是一个热力学参数,其表达式为

$$c = \sqrt{\gamma R T} = \sqrt{\frac{\gamma P}{\rho}} \qquad (2-24)$$

由此可见,在介质一定的条件下,声速是温度的单值函数。例如:空气的绝

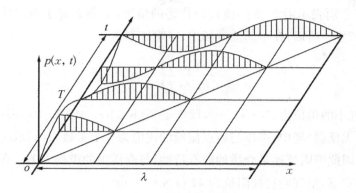

图 2-3 声波传递过程

热指数 $\gamma = 1.4$，气体常数 $R = 287(\mathrm{J}/(\mathrm{kg \cdot K}))$，因此 0℃时空气中对应的声速 $c_0 = 331\ \mathrm{m/s}$。当温度变化时，将理想气体状态方程：$P/\rho = RT$ 代入式(2-24)得

$$c = \sqrt{\frac{\gamma P_0}{\rho_0}}\sqrt{\frac{T}{T_0}} = c_0\left(\frac{T}{T_0}\right)^{\frac{1}{2}} = c_0\left(1 + \frac{\Delta T}{273.1}\right)^{\frac{1}{2}} \qquad (2-25)$$

将式(2-20)用泰勒级数展开，保留线性项，可得近似公式

$$c = c_0 + 0.61\Delta T \qquad (2-26)$$

上式表明，温度每升高 1℃，声速增加 0.61 m/s，该式适用范围为 −20～300℃，对于温度在此范围外的情况，仍需按式(2-25)进行计算。工程上，如果环境温度为 20℃ 左右，且温度变化不是很大的时候，可以近似认为声速为 334 m/s。

2.2 声场的描述

2.2.1 声阻抗率

在同种均匀介质中，声阻抗率 z 定义为声压 p 与质点振速 u 之比，即

$$z_s = p/u \qquad (2-27)$$

理想流体中，单一方向传递的平面波声压可表示为 $p(x, t) = p_m \mathrm{e}^{\mathrm{j}(\omega t \pm kx)}$，根据式(2-7)，质点振速为

$$u(x, t) = \pm\frac{1}{\rho_0}\int \frac{\partial p}{\partial x}\mathrm{d}t = \pm\frac{k}{\rho_0 \omega}p(x, t) = \pm\frac{p(x, t)}{\rho_0 c} \qquad (2-28)$$

其中:"$\pm$"分别表示沿 x 正向或负向传递的情况,工程上对于单向传递的声波通常取"$+$"号。所以,在平面波声场中,声阻抗率为

$$z_s = \frac{p(x, t)}{u(x, t)} = \rho_0 c \qquad (2-29)$$

声阻抗率的单位为$(N \cdot s)/m^2$,读作瑞利(Rayli)。式(2-29)表明,在平面波自由声(无反射)场中,声压与质点振速的比值为一个常数,且只取决于介质的物性参数,因此声阻抗率是介质的固有特性,与介质中的声场无关。在一个标准大气压,20℃下,空气的特征阻抗为 $415 (N \cdot s)/m^2$。

2.2.2 场量和能量

描述声场的量主要包括场量和能量两种类型,场量随时间变化,可以用一个旋转矢量来表示,也可以等效为一段时间的平均效应。能量往往是一段时间的平均值,可以由场量换算获得。场量主要是声功率,而能量则有声强、声能密度和声功率。

1)声压

声场内某一点的声压是该点的空气压力与平衡压力之差,但单一时刻的声压在工程上没有任何意义。工程上可以测量声压随时间的变化(也叫时间历程),并转化为声压的均方根值,即为有效声压或声压的有效值

$$p_{\text{rms}} = \sqrt{\frac{1}{T} \int_0^T p^2(t) \, \mathrm{d}t} \qquad (2-30)$$

有效声压是一段时间内的"平均"声压,是声压的能量平均。对于简谐波有

$$p_{\text{rms}} = p_{\text{m}} / \sqrt{2} \qquad (2-31)$$

这个值可以类比交流电的有效电压。

2)声强

声强的定义为垂直于声传播方向(或法线与声传播方向一致)的单位面积上通过的声功率流,即单位面积单位时间通过的声能大小,单位为 $J/(s \cdot m^2)$。瞬时声强可以用声压 p 与质点振速 u 的乘积表示为

$$I(t) = p(t) \cdot u(t) \qquad (2-32)$$

对式(2-32)取时间上的平均得平均声强为

$$I = \frac{1}{T}\int_0^T I(t)\,\mathrm{d}t = \frac{1}{T}\int_0^T p(t) \cdot u(t)\,\mathrm{d}t \qquad (2-33)$$

在简谐条件下,声压 p 与质点振速 u 均按正弦规律变化,对于正行波

$$p(x,\ t) = \mathrm{Re}(p_\mathrm{m}\mathrm{e}^{\mathrm{j}(\omega t - kx)}) = p_\mathrm{m}\cos(\omega t - kx)$$

$$u(x,\ t) = \mathrm{Re}\left(\frac{p_\mathrm{m}}{\rho_0 c}\mathrm{e}^{\mathrm{j}(\omega t - kx)}\right) = \frac{p_\mathrm{m}}{\rho_0 c}\cos(\omega t - kx)$$

代入平均声强表达式(2-33)得

$$I = \frac{p_\mathrm{m}^2}{2\rho_0 c} = \frac{p_\mathrm{rms}^2}{\rho_0 c} \qquad (2-34)$$

由此可见,平均声强与有效声压的平方成正比。需要指出的是一维情况下声强与声传播的方向一致,因此式(2-32)是一个代数表达式。三维情况下,声压是一个标量,质点振速是一个矢量。声强是两者的乘积,实质上是一个矢量,它不仅有大小,而且有方向,且其方向取决于质点振速

$$\boldsymbol{I} = p \cdot \boldsymbol{u}(t) \qquad (2-35)$$

3) 声能密度

声能密度的定义为声场中单位体积的声能,包含质点微团内的动能和势能。设平衡状态下流体微团的体积为 v,动能为 E_k,势能为 E_p,对于自由场中的平面波,单位体积的动能可以表示为

$$e_\mathrm{k} = \frac{E_\mathrm{k}}{v} = \frac{1}{2}\rho_0 u^2 = \frac{p^2}{2\rho_0 c^2} \qquad (2-36)$$

微团势能是压力压缩体积微团所做的功,因此可以表示为

$$E_\mathrm{p} = -\int p\,\mathrm{d}v \qquad (2-37)$$

其中:负号"-"是考虑正压力使得微团体积减小的缘故。绝热过程中 Pv^γ 为常数,两边取微分并经过线性化后得

$$\mathrm{d}v = -\frac{v}{\gamma P}\mathrm{d}P \approx -\frac{v_0}{\gamma P_0}\mathrm{d}p$$

其中 v_0 为平衡状态下微团的体积。将上述微分关系和声速的式(2-24)一起代入式(2-37),忽略高阶小量后单位体积微团的势能为

$$e_p = \frac{E_p}{v_0} = -\frac{1}{v_0} \int p \, dv = \int \frac{p}{\gamma P_0} \, dp = \frac{p^2}{2\gamma P_0} = \frac{p^2}{2\rho_0 c^2} \qquad (2-38)$$

声能密度即为单位体积的动能与势能之和,因此瞬时声能密度可表示为

$$\varepsilon(t) = e_k(t) + e_p(t) = \frac{p^2(t)}{2\rho_0 c^2} \qquad (2-39)$$

平均声能密度可由上式沿时间积分并除以时长得

$$\varepsilon = \frac{1}{T} \int_0^T \varepsilon(t) \, dt = \frac{1}{T} \int_0^T \frac{p^2(t)}{2\rho_0 c^2} \, dt = \frac{p_{rms}^2}{\rho_0 c^2} \qquad (2-40)$$

由式(2-40)与式(2-34)的比较可见,自由场(平面波)声强与声能密度存在以下关系

$$I = \varepsilon \cdot c \qquad (2-41)$$

4) 声功率

声功率的定义为声源发出的总功率,等于声强在与声能流方向垂直面上的面积分,即

$$W = \int \boldsymbol{I} \, d\boldsymbol{S} = \int \boldsymbol{I} \cdot \boldsymbol{n} \, dS \qquad (2-42)$$

其中:$\boldsymbol{n}$ 微元面的法向量。对于平面波垂直入射平面情况,式(2-42)简化为 $W = I \cdot S$。

需要指出的是,声压或声强表示的是声场中声波的点强度,对于非平面波声场,它们一般会随着测点至声源的距离增加而减小,同时还会受到周围声学环境(如边界反射等)的影响。而声功率表征的是声源的总强度,它与测量距离及测点位置无关,因此在机械噪声的源特性分析中较前两者具有更好的对比性。

2.2.3 "级"的概念及物理意义

由于空气声是微小扰动在空气中的传递过程,声压的变化相对于大气压而言相当微小,可听声的动态范围通常为 $20 \, \mu Pa$ 到上百帕,动态范围大,上下限相

差 100 万倍以上。低于 $20\ \mu\text{Pa}$ 的声音人耳很难听到,高于 $100\ \text{Pa}$ 的声音可能会使耳朵产生痛觉。另一方面,根据主观声学研究,人耳对声音的感受并不是线性的,而是按指数变化的。因此在声学中引入"级"的概念,其定义如下

声压级　　　$L_{\text{p}} = 10\lg\left(\dfrac{p}{p_0}\right)^2 = 20\lg\left(\dfrac{p}{p_0}\right)\ (\text{dB}),\ p_0 = 2\times 10^{-5}\ \text{Pa}$　　　$(2-43)$

声强级　　　　　$L_{\text{I}} = 10\lg\left(\dfrac{I}{I_0}\right)\ (\text{dB}),\ I_0 = 1\times 10^{-12}\ \text{W/m}^2$　　　$(2-44)$

声功率级　　　　　$L_{\text{W}} = 10\lg\left(\dfrac{W}{W_0}\right)\ (\text{dB}),\ W_0 = 1\times 10^{-12}\ \text{W}$　　　$(2-45)$

L_{p}、L_{I}、L_{W} 的单位都是 dB,是来源于电讯工程中的无量纲相对单位,大小等于具有功率量纲的物理量的比值的常用对数的 1/10。因此"级"的物理概念可以理解为声场某点的声学能量与参考能量之比取对数。Bell(贝尔)到 dB(分贝)与长度单位中米到分米的关系类似。

声压级、声强级和声功率级存在一定转换关系,例如

$$L_{\text{I}} = 10\lg\left(\frac{I}{I_0}\right) = 10\lg\left(\frac{p^2}{\rho_0 c I_0}\right)$$

$$= 10\lg\left(\frac{p^2}{p_0^2}\right) + 10\lg\left(\frac{p_0^2}{\rho_0 c I_0}\right) = L_{\text{p}} + 10\lg K \qquad (2-46)$$

其中:K 取决于环境条件,对于一个标准大气压,20℃,空气的特征阻抗为 $415\ (\text{N}\cdot\text{s})/\text{m}^2$,可计算得 $10\cdot\lg K \approx 0.16\ \text{dB}$,在工程上这个值几乎可以忽略不计,因此,常温常压下的声强级近似等于声压级。

声功率是声强沿面积的积分,对于平面波,声功率级和声强级的关系为

$$L_{\text{W}} = 10\lg\left(\frac{W}{W_0}\right) = 10\lg\left(\frac{I\cdot S}{I_0\cdot S_0}\right) = L_{\text{I}} + 10\lg S \approx L_{\text{p}} + 10\lg S$$

$$(2-47)$$

其中:升功率级和声强级的参考值在数值上相等,基准面积 S_0 取 $1\ \text{m}^2$。

当声压取级以后,不仅声的动态范围受到了压缩,其值通常在 $0\sim140\ \text{dB}$ 之间,而且其变化也更符合人耳的主观感受。根据对数运算规则,"级差"等价于相对误差,表 2-2 所示为级差和相对误差的对应关系。利用对数相加即原数相乘的规则,可以快速估算不同级差所对应的相对误差。

表 2 - 2　级差与相对误差的关系

级差/dB	比值（倍数）	相对误差
3	2	100％
10	10	900％
20	100	9 900％
30	1 000	99 900％

例如：计算 1 dB 以及 14 dB 所对应的相对误差。

解：设 1 dB 和 14 dB 对应的比值（倍数）分别为 α 和 β。

（1）因为 10 dB＝1 dB＋3 dB＋3 dB＋3 dB

所以 $\alpha \times 2 \times 2 \times 2 = 10 \Rightarrow \alpha = 1.25$

因此 1 dB 所对应的相对误差为 25％。

（2）因为 14 dB＝1 dB＋3 dB＋10 dB

所以 $\beta = 1.25 \times 2 \times 10 = 25$

因此 14 dB 对应的相对误差是 2 400％。

需要指出的是，由于 10 dB 对应的是精确的 10 倍，而 3 dB 对应的并非精确的 2 倍关系，因此用上述方法估算会有一些误差，但这个误差值在工程上可以忽略。

"级"表征的是能量的相对关系，因此级的相加相当于噪声的能量相加再取对数，因此声压级分别为 $L_{\mathrm{p}i}\,(i=1,2,\cdots,n)$ 的 n 个互不相干的噪声的总声压级和平均声压级分别可以表示为

$$L_{\mathrm{p}总} = 10\lg\left[\frac{\sum\limits_{i=1}^{n} p_i^2}{p_0^2}\right]\ (\mathrm{dB}) \qquad (2-48)$$

$$\bar{L}_{\mathrm{p}} = 10\lg\left(\frac{1}{n}\sum\limits_{i=1}^{n} 10^{0.1L_{\mathrm{p}i}}\right)(\mathrm{dB}) \qquad (2-49)$$

这种方式也称为"能量求和"与"能量平均"。需要指出的是：式（2-48）和式（2-49）的应用对象是非相干噪声信号；对于相干声噪声，必须先按旋转矢量求和方法计算出其等效声压，再根据式（2-43）计算其等效声压级。工程上，尤其是测量过程中，当不能确定声源的相干性时，可以近似按非相干声计算。

2.3　噪声的评价

2.3.1　人耳与等响曲线

噪声是一种客观物理现象,但也和人的主观感受有关。简单地讲,人通过人耳接受外部声音,它是一个十分精细的器官,分为外耳、中耳和内耳三部分。外耳由耳壳、耳道和鼓膜构成,耳壳将声音集中,通过耳道激发鼓膜振动。中耳内有相互连接的三个听小骨,主要作用是将鼓膜的振动放大十几倍后传至前庭窗,大大增加人耳的灵敏度。内耳中除有三个负责身体平衡的半规管外,主要是人耳最后的接收器——耳蜗。耳蜗内充满淋巴液,有大量神经末梢与基底膜上的细胞相连。前庭窗的运动通过淋巴液使基底膜产生弯曲振动,刺激毛细胞发出神经脉冲,把收到的信息通过脉冲传递至大脑,产生听觉。这里,基底膜相当于一个"簧片式频率计",不同位置对应着不同共振频率,当激励频率与某一部位的共振频率吻合时,该部位的毛细胞就传递信息,因此人耳有很细的频率分辨率。

物理学上,响度、音调和音色是声音的三要素。在确定的空间某点,当频率确定时,声压随时间的变化可以表示成:$p(t) = \tilde{P}_m \cdot e^{j\omega t} + O(t)$。其中 $\tilde{P}_m$ 为声压复幅值(带相位影响),决定了声音的响度;ω 为圆频率,决定了声音的调高;$O(t)$ 为谐波或宽频影响,决定了音色。比如,同样的"do",分用小提琴和钢琴演奏,听上去效果就不一样。虽然两者主频率相同,但谐波或高频分量不同,导致音色不同。

在客观上,$\tilde{P}_m$ 模的平方决定声音能量的大小。但主观上,同样的 $\tilde{P}_m$ 在不同的频率下,其响度是不同的,这是因为人耳对不同频率声音的敏感度是不同的。图2-4所示是国际标准化组织(International Organization for Standardization, ISO)公布的等响度曲线,该曲线以1 000 Hz纯音为基准,在自由场中对年轻人进行心理物理试验,求出不同频率下与1 000 Hz纯音听觉响度相同的声压级与频率的变化关系。图中最下方的一根曲线表示听阈,即在各频率下人耳能够听见的最低声压级。从等响度曲线可见,人耳对低频声音反应不敏感,而在(3~4) kHz附近等响度曲线有个低谷,是听觉敏感区。频率对人耳影响随声压级的提高而减弱,在100 dB以上趋于平坦。

2.3.2　响度与响度级

1) 响度级 L_s

每根等响度曲线上1 000 Hz纯音对应的声压级为该曲线的响度级,单位为

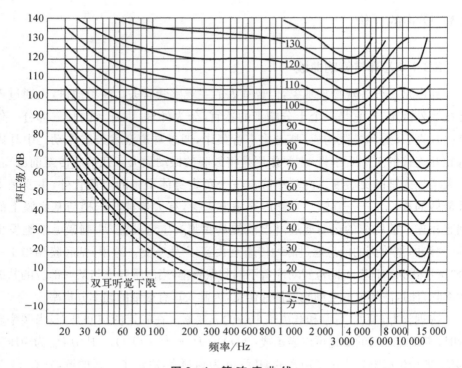

图 2-4 等响度曲线

方(Phon),同一响度级某频率对应的声压级可由等响曲线直接查出,例如:在 70 Phon 等响曲线上,100 Hz 纯音的声压级为 76 dB。或者可以理解为76 dB100 Hz 纯音听起来和 70 dB1 000 Hz 纯音一样响。

2)响度 s

响度级是用对数坐标表示的相对量,表示声音强弱的绝对量是响度,单位为宋(Sone)。响度级为 40 Phon 的声音定义为 1 Sone,响度级增加 10 Phoe,响度翻倍。即 50 Phon 对应的响度是 2 Sone,60 Phon 对应的响度是 4 Sone。响度级增加 10 dB 代表声强增加到原来的 10 倍,声强是刺激量,响度是感觉量。这表明10 倍的刺激产生两倍的感受,也说明人耳的感受是指数变化的。

响度级 L_s 与响度 s 的换算关系为

$$L_s = 40 + 10 \lg_2 s \ (\text{Phon}) \tag{2-50}$$

$$s = 2^{\frac{L_s - 40}{10}} \ (\text{Sone}) \tag{2-51}$$

2.3.3　噪声的评价指标

噪声的量值是客观的,但其评价指标是主观的。因为人耳对不同频率,不同幅值的噪声及其时均效应的感受不同,因此在做主观评价时要引入"计权函数"对客观数据进行修正,使其更符合主观感受。简单地讲,所谓计权函数既可以理解为一种窗函数或者滤波器,也可以理解为是建立在客观声数据和主观感受间的一座"桥梁"。

1) A 声级

A 声级也叫 A 计权声压级,是按 A 计权特性曲线修正后得出的总声压级。为了模拟人耳对不同频率声音的响应,设计相应的电路进行滤波,对声音信号中不同频率成分施加不同的衰减量,从而形成了不同的噪声计权曲线,主要有 A、B、C 三种(此外还有一种专门用于航空噪声测量的 D 计权曲线,这里不做介绍),如图 2-5 所示。将计权曲线与等响曲线相比较,不难发现这三种曲线分别是 40、70 和 100 Phon 等响曲线经平滑处理后,以 1 000 Hz 纯音的声压作为零点按横坐标轴取相反数后获得的曲线。原来规定测量值 55 dB 以下采用 A 计权,55~85 dB 采用 B 计权,85 dB 以上采用 C 计权。经过多年实践,国际上公认无论声压级高低,统一用 A 计权声压级可以更适合地反映噪声对人的综合效应(包括听力损伤和烦扰度等),而 B、C 计权基本不太使用。因此目前对于机械噪

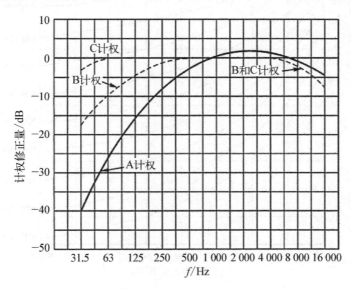

图 2-5　各类计权曲线

声,最基本的评价量都用 A 声级,单位为 dB(A)。

2) NR 数

ISO 提供了噪声评价曲线,同时还推荐了作为听力损伤、谈话干扰、烦扰度等使用的噪声评价标准。NR 数的求解可借助评价曲线(见图 2-6)完成,具体步骤为:首先测量 31.5 Hz 至 8 kHz 的 9 个 1/1 倍频带声压级,并将其标在 NR 曲线上;然后在图上找出高于这些测量数据的最低一条曲线,该线对应的数值即为噪声的 NR 数。可见,NR 数是一系列倍频带声压级数据的综合结果。对于大部分工业噪声,NR 数与 A 声级 L_A 间存在以下近似关系

$$NR = L_A - 5 \tag{2-52}$$

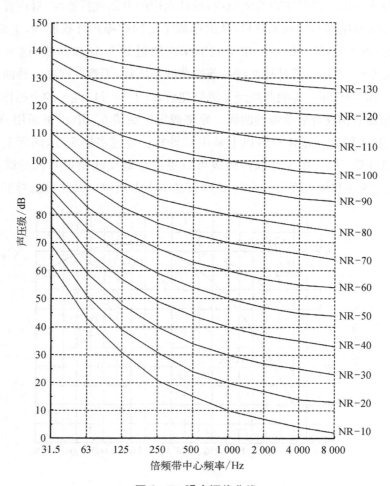

图 2-6 噪声评价曲线

3) 等效连续声级

对于声压级随时间变化幅度很大的噪声,往往需要用统计分布参数来描述,大部分噪声幅值随时间变化近似于高斯分布,可用按照时间过程能量平均的原则计算等效连续声级,即

$$L_{eq} = 10 \lg \left(\frac{1}{T} \int_0^T 10^{0.1 L(t)} \, dt \right) \, (dB) \tag{2-53}$$

对于有限个测量值,可以采用式(2-49)计算其能量平均作为等效 L_{eq}。

2.4　亥姆霍兹共振腔

在声学研究中,除了波动分析外还有一种最简单的集总参数模型,称为亥姆霍兹共振腔,也叫共鸣腔。如图 2-7 所示,它由一个截面积为 S(通常半径为 a),长度为 l_0 的短管与容积为 V_0 腔体相连通而组成,且做如下假设:

(1) 共鸣腔的各项尺度远小于声波波长,即 l_0,a,$\sqrt[3]{V_0} \ll \lambda$。

(2) 短管体积远远小于空腔体积,即 $Sl_0 \ll V_0$。

(3) 腔体内气体压缩或膨胀时,空腔不会变形,即腔壁是刚性的。

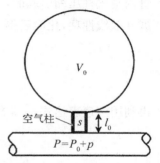

图 2-7　亥姆霍兹共振腔

当声波作用于管口时,由于短管长度远小于声波波长,管内的空气柱压力和速度的变化基本是同相位的,即管内各位置空气的运动是"同步"的,因而可以将其等效为一个"刚性活塞",气质量为 $M_0 = \rho_0 l_0 S$。如果进一步考虑这个空气柱振动的同时,还要向空间辐射声波,结果相当于一个附加了一个质量 ΔM,这时等价于空气柱的长度增加为 $l = l_0 + \Delta l$,因此空气柱的等效质量可以表示为

$$M_m = M_0 + \Delta M = \rho_0 l S \tag{2-54}$$

当空气柱 M_m 作整体振动时,会受到管壁的摩擦,若力阻设为 R_m,阻尼力等于其与振动速度的乘积。另一方面,短管体积远小于空腔体积,短管振动时空腔内气体的位移也远小于短管内空气的位移,可以近似当作是静止的。但由于腔壁是刚性的,空气柱向内运动时会压缩腔内空气,使其压力增加,推动空气柱向外运动;当空气柱越过平衡位置后,腔体压力低于外部大气压力,压差又会推

动空气柱向内运动,如此往复。也就是说,腔体内的空气相当于一个"空气弹簧",如此短管和空腔以及管壁摩擦共同构成了一个带摩擦阻尼的"质量-弹簧"系统。

下面来推导空气弹簧的等效刚度。设大气压强为 P_0,根据绝热假设,腔体内的空气应满足理想气体绝热方程

$$P_0 V_0^{\gamma} = (P_0 + p)(V_0 - dV)^{\gamma} \qquad (2-55)$$

或者

$$\frac{P_0 + p}{P_0} = \left(\frac{V_0 - dV}{V_0}\right)^{-\gamma} \qquad (2-56)$$

这里 $-dV$ 表征的是压力增大引起体积压缩。腔体内气体体积变化是由细管内空气柱压缩引起的,$dV = xS$,x 为空气柱位移,将式(2-56)右边进行泰勒展开取线性项,化简后得

$$1 + \frac{p}{P_0} = 1 + \gamma \frac{xS}{V_0} \qquad (2-57)$$

再利用声速表达式 $c^2 = \gamma \dfrac{P_0}{\rho_0}$,根据刚度(弹性系数)的定义计算得

$$K_{\mathrm{m}} = \frac{F}{x} = \frac{pS}{x} = \gamma S^2 \frac{P_0}{V_0} = \frac{S^2 \rho_0 c^2}{V_0} \qquad (2-58)$$

或者用刚度的倒数"力顺"表示为

$$C_{\mathrm{m}} = \frac{1}{K_{\mathrm{m}}} = \frac{V_0}{S^2 \rho_0 c^2} \qquad (2-59)$$

由上式可见,腔体体积越大刚度越小,或者说力顺越大。

对短管内的空气柱进行动力学建模,空气柱同时受到惯性力、阻尼力、弹性力及管口声压激励,前三者与外激励达到动态平衡,因此空气柱的振动方程为

$$M_{\mathrm{m}} \frac{\mathrm{d}^2 x(t)}{\mathrm{d}t^2} + R_{\mathrm{m}} \frac{\mathrm{d}x(t)}{\mathrm{d}t} + K_{\mathrm{m}} x(t) = Sp(t) \qquad (2-60)$$

考虑到逾量压强(即声压 p)以及体积速度 $U = uS = S\dfrac{\mathrm{d}x}{\mathrm{d}t}$ 是声学系统分析中主要关心的参量,式(2-60)改写为

$$\frac{M_m}{S^2}\frac{\mathrm{d}U}{\mathrm{d}t}+\frac{R_m}{S^2}U+\frac{1}{C_m S^2}\int U\mathrm{d}t=p(t) \tag{2-61}$$

或者

$$M_a\frac{\mathrm{d}U}{\mathrm{d}t}+R_a U+\frac{1}{C_a}\int U\mathrm{d}t=p\,\mathrm{e}^{\mathrm{j}\omega t} \tag{2-62}$$

其中：$M_a=\dfrac{M_m}{S^2}$，$R_a=\dfrac{R_m}{S^2}$，$C_a=C_m S^2$ 分称为声质量、声阻和声顺。上式可以定义声阻抗

$$Z_a=\frac{p}{U}=\mathrm{j}\omega M_a+R_a+\frac{1}{j\omega C_a} \tag{2-63}$$

注意，声阻抗与声阻抗率的区别，两者差了一个面积，即

$$z_s=p/u=Z_a\cdot S \tag{2-64}$$

若不计声阻尼，当系统阻抗为零时达到共振，即 $\mathrm{j}\omega M_a+\dfrac{1}{j\omega C_a}=0$，因此可求得共鸣腔共振频率为

$$f_n=\frac{\omega_n}{2\pi}=\frac{1}{2\pi}\sqrt{\frac{1}{C_a M_a}}=\frac{c}{2\pi}\sqrt{\frac{S}{V_0 l}} \tag{2-65}$$

亥姆霍兹共振腔是一种类似离散振动分析所用的集总参数模型，它不涉及波动分析，但在减噪设计中经常被用到，这部分内容在后续噪声控制章节会有所介绍。

3

▽

声源与声场的特性

3.1 声源模型

实际情况下声源辐射的声场一般都比较复杂,但从工程角度考虑,尤其是在研究声源远场特性的时候,可以采用简化模型来考虑,包括单极子源、偶极子源、四极子源、线声源、面声源等,而复杂的声源大多可以等效成这些简单声源模型的组合或叠加。

3.1.1 单极子源(点声源)

介质中一个均匀脉动球进行声辐射即可看作单极子源辐射的声场,若小球的体积忽略不计,且球表面任意点法向振动速度一致,则其辐射声的波阵面即为一个同心球面。因为其具有球对称性,采用球坐标系,此时声压在高度角和方位角方向上的梯度等于零,压力分布仅在半径方向有变化,因此式(2-16)可以简化为

$$\frac{\partial^2(rp)}{\partial r^2} = \frac{1}{c^2}\frac{\partial^2(rp)}{\partial t^2} \qquad (3-1)$$

参考 2.1.5 节所采用的求解方法,可以将 (rp) 看作一个整体变量,对照平面声波动方程的解,可直接写出式(3-1)的解

$$rp = f(r-ct) + f(r+ct)$$

即
$$p(r,\ t) = \frac{1}{r}f(r-ct) + \frac{1}{r}f(r+ct) \qquad (3-2)$$

其中:第一项表示由球心向外扩展的波,第二项是由外部向球心聚拢的波。对于自由声场,不存在边界反射,第二项可忽略。此时,式(3-1)的通解可以写成

$$p(r,\ t) = \frac{A}{r}\cos(\omega t - kr + \varphi_0) \quad (\text{实数解}) \qquad (3-3)$$

或者

$$p(r, t) = \frac{\hat{A}}{r} e^{j(\omega t - kr)} \quad （复数解） \tag{3-4}$$

以上两个解在数学上是等价的，其中，A 为由源强决定的声压幅值，它与脉动球面上的振幅及其面积有关，φ_0 为初相位，$\hat{A} = A e^{j\varphi_0}$ 同时考虑了幅值和初相位，也叫复幅值。

将式（3-3）代入球坐标下的运动方程 $\rho_0(\partial u / \partial t) + \partial p / \partial r = 0$，可得质点振速表达式为

$$u(r, t) = \frac{Ak}{\rho_0 \omega r} \cos(\omega t - kr + \varphi_0) + \frac{A}{\rho_0 \omega r^2} \sin(\omega t - kr + \varphi_0) \tag{3-5}$$

当距离很远（$kr \gg 1$ 或 $r \gg \lambda$）时，上式右边第一项占主导，第二项可以忽略，此时质点振速和声压相位相同，且符合 $p/u = \rho_0 \omega / k = \rho_0 c$，这个规律和平面波相同。但当 r 很小时，右边第二项占主导，此时质点振速幅值与距离平方成反比且正弦变化，p 与 u 呈 90° 相位关系。

有效声强为

$$I = \frac{1}{T} \int_0^T p \cdot u \, dt = \frac{1}{2} \frac{A^2}{\rho_0 c r^2} \tag{3-6}$$

均方声压为

$$p^2 = p_{rms}^2 = \frac{1}{T} \int_0^T p^2 \, dt = \frac{1}{2} \frac{A^2}{r^2} \tag{3-7}$$

因此单极子源声场与平面波声场一样有：$I = \dfrac{p^2}{\rho_0 c}$。

由式（3-6）、式（3-7）可见，球面波的有效声压与距离成反比，声强与距离平方成反比。也就是说，测点到声源距离加倍，声压降低 6 dB，称为"反平方定律"。

声源辐射的总声功率为

$$W = 4\pi r^2 \cdot I = \frac{2\pi A^2}{\rho_0 c} \tag{3-8}$$

这是一个不随距离变化的定值，若设脉动球半径为 α，表面振动速度幅值为 u_0，则声源体积速度（体积流量）幅值为 $Q = 4\pi \alpha^2 u_0$。在低频假设（$k\alpha \ll 1$）下，质点振速取决于右边第二项，即 $u(\alpha, t) = \dfrac{A}{\rho_0 \omega \alpha^2} \sin(\omega t - kr + \varphi_0)$，因而有

$$Q = 4\pi \alpha^2 = \frac{4\pi A}{\rho_0 \omega} \tag{3-9}$$

代入声压与升功率的表达式,有

$$p(r,\ t) = \frac{\rho_0 f Q}{2r} \cos(\omega t - kr + \varphi_0) \tag{3-10}$$

以及

$$W_{\mathrm{m}} = \frac{2\pi A^2}{\rho_0 c} = \frac{\pi \rho_0 f^2 Q^2}{2c} = \frac{\rho_0 c k^2 Q^2}{8\pi} \tag{3-11}$$

其中:下标 m 表示单极子源。至此,声压和声功率可直接由脉动球的体积速度来表示,这就是单极子源的辐射公式。任何形状的声源,只要其尺寸比波长小得多或频率足够低(即 $ka \ll 1$)都可以看作点声源,如带隔音效果较好的音箱的扬声器和稳态喷口等。

3.1.2　偶极子源

两个原强度均为 Q 的单极子源相距 $l(l \ll \lambda)$,并且以反相位振动组合而成

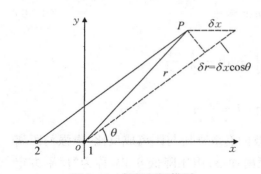

的声源模型称为偶极子源,如图 3 - 1 所示。由于构成偶极子的两个单极子振动相位相反,因此通过包含该偶极子源的球面的净体积流量为零。而又由于脉动球的运动相反,形成了沿水平方向的一个脉动推力,所以偶极子源是一种脉动力源。比如,风扇叶片转动时对空气的作用,或者不带音箱的扬声器都可以看作偶极子源。

图 3 - 1　偶极子源模型

根据图 3 - 1 所示坐标系,假设初相位为零,脉动源 1 在空间产生的声压可表示成 $p_1 = \frac{A}{r}\cos(\omega t - kr)$,则源 2 产生的声压为 $p_2 = -\left(p_1 + \frac{\partial p_1}{\partial x}\delta x\right)$,且 $\delta x = l$ 为两点源间的距离,且 $\frac{\partial p_1}{\partial x} = \frac{\partial p_1}{\partial r}\cos\theta$。故空间 P 点的总声压为两者之和,即

$$p = p_1 + p_2 = -\frac{\partial p_1}{\partial x}\delta x = -\frac{\partial p_1}{\partial r} l \cos\theta$$

$$= \frac{Al\cos\theta}{r}\left(\frac{1}{r}\cos(\omega t - kr) - k\sin(\omega t - kr)\right) \tag{3-12}$$

在声源附近，$kr \ll 1$，式(3-12)右边第一项占主导，均方声压为

$$p^2 = \frac{1}{T} \int_0^T \left(\frac{Al\cos\theta}{r^2} \right)^2 \cos^2(\omega t - kr)\mathrm{d}t = \frac{(Al)^2}{2}\frac{1}{r^4}\cos^2\theta \quad (3-13)$$

在远场区，$kr \gg 1$，式(3-13)右边第二项占主导，均方声压为

$$p^2 = \frac{1}{T} \int_0^T \left(\frac{Alk\cos\theta}{r} \right)^2 \sin^2(\omega t - kr)\mathrm{d}t = \frac{(Al)^2}{2}\frac{k^2}{r^2}\cos^2\theta \quad (3-14)$$

根据运动方程 $\rho_0(\partial u/\partial t) + \partial p/\partial r = 0$，可求出质点振速为

$$u = \frac{Al\cos\theta}{\omega\rho_0}\left(\left(\frac{2}{r^3} - \frac{k^2}{r^2} \right)\sin(\omega t - kr) + \frac{2k}{r^2}\cos(\omega t - kr) \right) \quad (3-15)$$

P 点的声强为

$$I = \frac{1}{T} \int_0^T p \cdot u\,\mathrm{d}t = \frac{(Al)^2}{2\rho_0 c}\frac{k^2}{r^2}\cos^2\theta \quad (3-16)$$

比较式(3-16)和式(3-14)，可得 $I = \dfrac{p^2}{\rho_0 c}$，这与平面波的关系式相同。

由偶极子源与单极子源的均方声压及声强表达式的比较可见，单极子源辐射声场在空间各个方向均相同，而偶极子源辐射声场的声压及声强随空间角度而变化，也就是说该源在自由空间产生的声场具有指向性。

描述声源指向性的量主要有指向性因数 DF 和指向性指数 DI。

1) 指向性因数 DF

DF 是指在远场距离 r、方位角为 θ、φ 的某点处，均方声压 $p_{\theta,\varphi}^2$（或声强 $I_{\theta,\varphi}$）与具有相同声功率的无指向性声源在同一点的均方声压 $\bar{p}^2$（或平均声强 $\bar{I}$）之比，即

$$DF = \frac{p_{\theta,\varphi}^2}{\bar{p}^2} = \frac{I_{\theta,\varphi}}{\bar{I}} \quad (3-17)$$

其中：$\bar{p}^2$ 和 $\bar{I}$ 分别为 $p_{\theta,\varphi}^2$ 与 $I_{\theta,\varphi}$ 在所有方位 θ、φ 上的平均值。

2) 指向性指数 DI

DI 定义为 DF 对数乘以 10，即

$$DI = 10\lg DF = \mathrm{L}_{\theta,\varphi} - \bar{\mathrm{L}} \quad (3-18)$$

其中：$L_{\theta,\varphi}$、$\bar{L}$ 分别为 $p_{\theta,\varphi}^2$ 和 $\bar{p}^2$ 对应的声压级。故指向性指数 DI 表示的是空

间某方位上的声压与平均声压的级差。声源的指向性指数可以画成二维或三维指向性图,如图3-2所示。

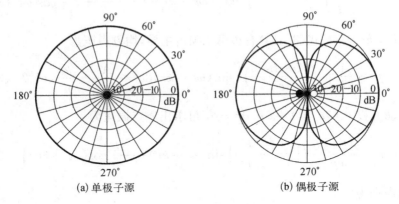

(a) 单极子源   (b) 偶极子源

图3-2 声源指向性图

偶极子源发出的总声功率可以由声强沿包含源的任意曲面积分获得,为简便计,取积分面为半径为 r 的球面,声功率为

$$W_d = \int_0^\pi \int_0^{2\pi} I \cdot r^2 \sin\theta \mathrm{d}\theta \mathrm{d}\varphi \tag{3-19}$$

将式(3-16)代入得

$$W_d = \int_0^{2\pi} \int_0^\pi \frac{(Al)^2}{2\rho_0 c} \frac{k^2}{r^2} \cos^2\theta \cdot r^2 \sin\theta \mathrm{d}\theta \mathrm{d}\varphi = \frac{2}{3}\pi k^2 \frac{(Al)^2}{\rho_0 c} \tag{3-20}$$

再根据式(3-9),$A = \dfrac{\rho_0 \omega Q}{4\pi}$,得

$$W_d = \frac{\rho_0 c k^4 (Ql)^2}{24} \tag{3-21}$$

将式(3-21)与式(3-11)比较,可得在单个源源强相等的情况下,偶极子源与单极子源的辐射声功率之比为

$$\frac{W_d}{W_m} = \frac{k^2 l^2}{3} \tag{3-22}$$

由上式可见,低频时 $kl \ll 1$,此时 $W_m \ll W_d$,偶极子源的辐射效率远低于单极子源,这就说明了低频时不带音箱的扬声器效率很低的原因。

3.1.3 四极子源

四个单极子源以不同形式组合在一起构成四极子源,其中又可以分为两类:一类称为横向四极子,如气体混合过程或湍流噪声均属于这一类,由力偶源产生;另一类称为纵向四极子,由两个物体的碰撞或挤压产生。四极子源辐射声场的表达式比偶极子源的更复杂,近场随距离更快($p \propto 1/r^3$),稍远一些才达到反平方特性($p \propto 1/r^2$),直到 r 足够大(远场)时才逐渐接近单极子源特性,即 $p \propto 1/r$。四极子源的推导可参考偶极子源的具体过程,本书中不做详细推导,以下仅给出源辐射的声功率表达式。

横向四极子源
$$W_{lat} = \frac{\rho_0 c k^6 Q_q^2}{480\pi} \qquad (3-23)$$

纵向四极子源
$$W_{long} = \frac{\rho_0 c k^6 Q_q^2}{40\pi} \qquad (3-24)$$

其中:$Q_q = Q l_1 l_2$ 为四极子源强度,Q 为单极子源强。$l_1 l_2$ 分别为单极子源之间的横向或纵向间距。将以上两式与式(3-11)比较,即两种四极子源与单极子源辐射声功率之比

横向四极子源
$$\frac{W_{lat}}{W_m} = \frac{k^4 l_1^2 l_2^2}{60} \qquad (3-25)$$

纵向四极子源
$$\frac{W_{long}}{W_m} = \frac{k^4 l_1^2 l_2^2}{5} \qquad (3-26)$$

由此可见在低频区,四极子源的辐射效率是很低的。各类极子源的特性如表3-1所示。

表3-1 各类极子源的特性

声源类型	单极子	偶极子	横向四极子	纵向四极子
脉动模型	⊕	⊕　⊖	⊕　⊖ ⊖　⊕	⊕　⊖　⊖　⊕
指向性				

续 表

声源类型	单极子	偶极子	横向四极子	纵向四极子
物理效应	质量流	力	力偶	挤压
声功率比	$\dfrac{W_m}{W_m}=1$	$\dfrac{W_d}{W_m}=\dfrac{k^2 l^2}{3}$	$\dfrac{W_{lat}}{W_m}=\dfrac{k^4 l_1^2 l_2^2}{60}$	$\dfrac{W_{long}}{W_m}=\dfrac{k^4 l_1^2 l_2^2}{5}$
实例	柴油机排气、枪击、振动板	扬声器、螺旋桨叶片、振动梁	喷气混合湍流	冲击、撞击

3.1.4　任意点源的组合

实际工程中,声源的分布远比上述简化模型来得复杂。推广到更一般的情况,假设每个点源的尺度都非常小,且不影响或干扰其他点源的辐射声场,则可以把具有空间分布的源辐射的声场看作是一系列具有不同幅值和初相位的点源辐射叠加(或积分)后的结果,如图 3-3 所示。

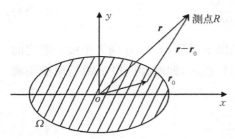

图 3-3　空间任意分布源的辐射声场

注:Ω 为连续源覆盖的空间区域。

根据数学物理方程中亥姆霍兹方程的求解,三维空间的格林函数可以表示为:$G(\boldsymbol{r})=\dfrac{e^{-jkr}}{r}$,此即为位于原点处单位振幅的点源在 $\boldsymbol{r}$ 处的辐射声压,则位于 $\boldsymbol{r}_0$ 处振幅为 $A(\boldsymbol{r}_0)$ 的点源的辐射声压可表示为:$G(\boldsymbol{r}-\boldsymbol{r}_0)=\dfrac{e^{-jk(\boldsymbol{r}-\boldsymbol{r}_0)}}{\boldsymbol{r}-\boldsymbol{r}_0}$。因此,在简谐条件下,空间任意分布的源在 R 处所辐射的声压可以表示为

离散源　　　　　$p(\boldsymbol{r},t)=\sum_i A_i G(\boldsymbol{r}-\boldsymbol{r}_i)\cdot e^{j\omega t}$　　　　　(3-27)

连续源　　　　　$p(\boldsymbol{r},t)=\left(\oiint\limits_\Omega A(\boldsymbol{r}_i)G(\boldsymbol{r}-\boldsymbol{r}_i)\cdot d\Omega\right)\cdot e^{j\omega t}$　　　　　(3-28)

其中:$\boldsymbol{r}_i$ 和 A_i 分别为第 i 个离散点源的空间位置及其振动复幅值。

3.2　声场分类

声场模型中根据声传递方式及声能密度分布可以分为自由场和扩散场,两者又分别对应直达声和混响声。这两种声场均是理想模型,实际声场通常是两者的叠加或者共同效应。另外有一种情况,当声波波长远大于所处腔体几何尺度的时候,腔体内的声压几乎均匀分布,如声校准器、手机话筒等,这种声场称为压力场。压力场在船舶噪声中不常涉及,在本书中不做展开研究。

3.2.1 自由场

简单地讲,自由场就是声传播具有明确的方向性,只有直达声而不存在反射的声场。之前介绍的极子源在无限大空间的辐射声场、开阔的旷野,以及边界吸声效果极好的封闭空间(如消声室)等都可以看作自由场。

从理论上讲,自由场中的声源都可以看成是单极子源的不同组合。而工程上可按声源的几何尺度特征简化为点声源,线声源和面声源。这三类声源引起的声波在自由场中的扩散及其声压随距离的衰减是工程中主要关心的内容。

1) 点声源

当声源尺度远小于声波波长的时候,任何实际声源都可以视为点声源,如果点源悬于空中,向四面八方均匀辐射,此时产生的即为球面波。假定声源的声功率 W 保持不变,且不计声波空气中的能量损耗,在以 r 为半径的球面上的声强为 $I = W/4\pi r^2$。两边取级(对数乘以 10)得

$$L_p = L_I = L_W - 10\lg(4\pi r^2) = L_W - 20\lg r - 11 \qquad (3-29)$$

当点声源置于刚性反射平面上时,源强度保持不变,但辐射的是半球面波,声强为 $I = W/2\pi r^2$,相应的声压级变为

$$L_p = L_W - 20\lg r - 8 \qquad (3-30)$$

以上即点声源发出的球面波或半球面波声压级随距离的变化,由以上两式可见:点声源在自由场中传播,距离每增加一倍,声压级衰减 6 dB,符合反平方定律。

2) 线声源

公路上连续不断的车流、一长列火车以及船舶舱室内连续的长管道等辐射的噪声都可以当作线声源来处理分析。悬于空中的无限长线声源发出的是柱面波。设单位长度线声源的辐射声功率为 W,距离声源 r 处波阵面面积为 $2\pi rl$,$I = (W \cdot l)/2\pi rl = W/2\pi r$。两边取级后可得声压级与距离的关系为

$$L_p = L_I = L_W - 10\lg(2\pi r) = L_W - 10\lg r - 8 \qquad (3-31)$$

当线声源置于刚性地面上时,辐射的是半柱面波,声压表示为

$$L_p = L_W - 10\lg(2\pi r) = L_W - 10\lg r - 5 \qquad (3-32)$$

实际线声源不能作为无限长处理,若其长度为 l,声压级随距离的衰减会随测点位置发生变化。当 $r \ll l/\pi$ 时,仍然可以参照无限长线声源公式进行计算,即距离加倍声压级衰减 3 dB;当 $r > l/\pi$ 时,声压级可按下式进行估算

$$L_p = L_{p0} - 20\lg\frac{3r}{l} - 20\lg\frac{l}{3r_0} \qquad (3-33)$$

其中:L_{p0} 为 $r_0(r_0 < l/\pi)$ 处对应的声压级,用无限长线声源公式计算获得。此时距离加倍,声压级衰减 6 dB。当 $r \gg l/\pi$ 时,该公式趋向点声源计算公式。

3) 面声源

大型扬声器阵列,振动的舱壁等均可作为面声源处理。设长方形面声源边长 $b > a > 0$,测点在面源法线方向距离中心点为 r,声压随距离的变化基本可以分三种情况,近似公式如下

当 $r < a/\pi$ 时 $\qquad\qquad\qquad L_p = L_{p0} \qquad\qquad\qquad (3-34)$

当 $a/\pi < r < b/\pi$ 时 $\quad L_p = L_{p0} - 10\lg\frac{3r}{a} \qquad (3-35)$

当 $r > b/\pi$ 时 $\quad L_p = L_{p0} - 20\lg\frac{3r}{b} - 10\lg\frac{b}{a} \qquad (3-36)$

其中:L_{p0} 为 $r_0 = a/\pi$ 处的声压级。以上公式说明:面射源辐射的声场,其声压在近场是均匀的;随着距离的增加,距离每增加一倍,声压衰减 3 dB;而在远场,距离每增加一倍声压衰减 6 dB,这时可以按点声源处理。

关于三种声源声压级随距离衰减规律如图 3-4 所示,需要指出的是:

(1) 线声源和面声源的计算公式都是简化后的近似公式,实际情况下自由场空间声压级的斜率是不可能在某一点发生突变的,精确的规律及公式可参考式(3-28)积分获得。

(2) 所有这些公式都是不考虑空气对声波的吸收的,属于理想情况。实际空气对声波的吸收与声波的频率、环境温度和湿度都有关系。通常情况下,频率越高,吸收越多;温度越低或相对湿度越低,吸收越多。在工程分析中,声波由于扩散和吸收都会引起声压级衰减。因此在研究噪声在大气中的传播时,必须同时考虑这两方面的影响。但在船舶噪声控制中,声波频率不太高(小于 4 000 kHz),

且传播距离也不太大（小于 100 m），空气吸收的影响可以忽略不计。

（3）在实际工程中，所谓的"点声源""线声源"和"面声源"都是相对的概念，同一个工程对象在不同距离和不同频率下完全可以等效成不同的声源模型。例如：同样是轻轨列车通过，当测点在站台上，距离列车的距离小于等于列车高度时，列车可以当作是点声源；当测点在高架桥下，距离列车的距离远大于列车高度但小于列车长度时，从高架上通过的列车就是线声源；而当测点距离列车的距离超过好几倍车长时，列车完全可以简化为一个点声源。有时候为了照顾计算的快速性和简便性，甚至可以不顾几何尺度的影响。比如，在船舶噪声快速预报中，机舱内的机电设备不管其体积多大均可作为点声源来处理。

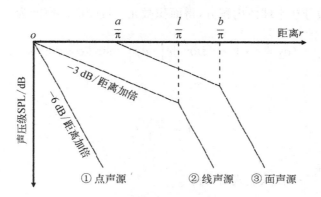

图 3-4　各类声源模型的衰减规律

3.2.2　扩散场

扩散声场是指声波传递方向无规律性，各点声能密度均匀一致，各个方向上声能流相等的理想化声场。比如，混响室，或者封闭的机舱内将设备产生的直达声除去后的声场都是扩散声场。

扩散场通常由声源发出的声波在封闭空间内来回多次反射而形成，各方向的声波与反射波相互交织、叠加后形成复杂声场。由于传递的无规律性，扩散声场的声强与自由场声强有所区别。如图 3-5 所示，设扩散场平均声能密度为 ε，壁面上存在面积微元 ds，与 ds 距离为 r 处的体积微元 dv 作为点源辐射球面波，在半径为 r 的球面上的声强为 $\varepsilon dv/4\pi r^2$，因此 ds 法向单位面积接受的声能为 $(\varepsilon dv/4\pi r^2)\cos\theta$。若声速为 c，则单位时间内可以辐射到面积微元 ds 的空间区域为以 ds 为圆心，c 为半径的半球体。采用球坐标系，体积微元 $dv = r^2\sin\theta dr d\theta d\varphi$，则任意体积微元辐射到 ds 的能量微分为：$\varepsilon \cdot (r^2\sin\theta dr d\theta d\varphi)\cos\theta/4\pi r^2$。

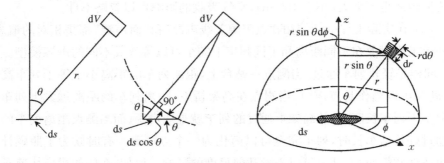

图 3-5　扩散声场声强计算

将能量微分在半球体内积分,得面积微元上接受的总声能为

$$I \mathrm{d}s = \varepsilon \cdot \int_0^c r^2/4\pi r^2 \mathrm{d}r \int_0^{2\pi} \mathrm{d}\varphi \int_0^{\pi/2} \sin\theta\cos\theta \mathrm{d}\theta \mathrm{d}s \qquad (3-37)$$

经整理后得

$$I = \frac{\varepsilon \cdot c}{4} \qquad (3-38)$$

又由于 $\varepsilon = \dfrac{p_{\mathrm{rms}}^2}{\rho_0 c^2}$,代入上式后可得

$$I = \frac{p_{\mathrm{rms}}^2}{4\rho_0 c} \qquad (3-39)$$

由此可见,扩散声场的声强为平面波声强的 1/4。

3.3　房间声学基础

　　绝大部分船舶舱室空气声研究都是在封闭空间的假设下进行的,在已知噪声源设备源强度以及房间声学参数的前提下对舱室的噪声水平进行评估和计算,需要用到房间声学的基础知识。

　　若房间(舱室)内存在一声源向周围辐射噪声,其中一部分是未经反射直接到达测点的,称为"直达声",另一部分是经一次或多次反射后到达测点的,称为"混响声"。直达声场可以看作是自由场,混响声场则更接近扩散场,声源在房间内产生的声场是两者的叠加。声波的反射和透射如图 3-6 所示。

3.3.1 吸声系数及吸声量

1）吸声量

当声波撞击到墙面上时,有一部分声能被反射,其余部分被墙面吸收。而被墙面吸收的声能中,又有一部分被结构耗散掉,剩下的会透过墙面传递到相邻房间内。假设入射、反射、透射和耗散的声强分别为 I_i、I_r、I_t 和 I_d,根据声能守恒关系

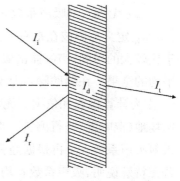

图 3-6　声波的反射和透射

$$I_i = I_r + I_t + I_d \qquad (3-40)$$

两边同除以 I_i,并定义吸收效率 $\alpha' = I_d/I_i$,反射效率 $\rho = I_r/I_i$,透射效率 $\tau = I_t/I_i$,则

$$\alpha' + \rho + \tau = 1 \qquad (3-41)$$

工程上,吸声系数(效率)的概念是指未能反射的能量,它包含了墙面结构振动引起的耗散以及声能的透射,因此实际吸声系数定义为

$$\alpha = \alpha' + \tau = 1 - \rho = 1 - |\tilde{r}|^2 \qquad (3-42)$$

这里的 $\tilde{r} = (pr/pi)|_{墙面反射处}$ 是一个复反射系数,定义为反射点处反射声压与入射声压之比。考虑达到反射引起的相位突变,$\tilde{r}$ 通常为复数,具体求解会在后续章节详细介绍。

当 $\alpha = 1$ 时,入射声能全部通过,没有反射;当声能入射到绝对刚性壁面上时,$\alpha = 0$,声能全部反射。其他情况下,吸声系数为 $0 \sim 1$ 间变化的实数。吸声系数的大小与材料、频率及入射角等均有关,工程上吸声系数通常是输入参数,它无法精确计算,需要通过试验来测定。

入射角是指声波入射方向与壁面法线方向的夹角,按入射角度来分,吸声系数可分为法向入射吸声系数 α_0、斜入射吸声系数 α_θ 和无规入射吸声系数 α_R。

（1）法向入射吸声系数 α_0 和斜入射吸声系数 α_θ。

法向入射系数表示声波垂直入射到壁面(或材料)上时的吸声系数,记为 α_0,通常用专门的测量装置——驻波管进行测量。这种测量方法比较简便,且测量值一般比实际值略大。另一种入射波与壁面法线成 θ 角的吸声系数称为斜入射吸声系数 α_θ,该参数多用于理论分析。

（2）无规入射吸声系数 α_R。

α_R 定义为声波在素有方向以不规则的方式入射到壁面时的吸声系数。对于比较大的房间，声波撞击墙面处于无规则状态，无规入射吸声系数是一种统计平均的结果。在船舶噪声计算及控制中，无规入射更符合实际情况，因此常以 α_R 作为计算输入和依据。无规入射吸声系数取决于材料，需要按一定标准在特殊场地（混响室）进行测量。当不具备测试条件时，也可以先用驻波管测出法向入射吸声系数 α_0，再根据经验公式或表格进行换算，如表 3 - 2 所示。工程上，若无特殊说明，吸声系数 α 均默认为无规入射吸声系数。

表 3 - 2 法向入射吸声系数 α_0 与无规入射吸声系数 α_R 换算

α_0	α_R									
	0.00	0.01	0.02	0.03	0.04	0.05	0.06	0.07	0.08	0.09
0.0	0.00	0.02	0.04	0.06	0.08	0.10	0.12	0.14	0.16	0.18
0.1	0.20	0.22	0.24	0.26	0.27	0.29	0.31	0.33	0.34	0.36
0.2	0.38	0.39	0.41	0.42	0.44	0.45	0.47	0.48	0.50	0.51
0.3	0.52	0.54	0.55	0.56	0.58	0.59	0.60	0.61	0.63	0.64
0.4	0.65	0.66	0.67	0.68	0.70	0.71	0.72	0.73	0.74	0.75
0.5	0.76	0.77	0.78	0.78	0.79	0.80	0.81	0.82	0.83	0.84
0.6	0.84	0.85	0.86	0.87	0.88	0.88	0.89	0.90	0.90	0.91
0.7	0.92	0.92	0.93	0.94	0.94	0.95	0.95	0.96	0.97	0.97
0.8	0.98	0.98	0.99	0.99	1.00	1.00	1.00	1.00	1.00	1.00
0.9	1.00	1.00	1.00	1.00	1.00	1.00	1.00	1.00	1.00	1.00

2）吸声量

确定入射方式后，吸声系数只能表示材料对声能的吸收比例，而实际壁面吸声能力的大小不仅与材料的吸声系数有关，还取决于参与吸声量的面积。

吸声量 A 定义为吸声系数与壁面面积的乘积，即

$$A = S \cdot \alpha \tag{3-43}$$

由于吸声系数 α 无量纲，吸声量 A 与面积有着相同的量纲 m^2，但读作"赛宾"。比如，向自由空间敞开 $1 \, m^2$ 窗户的吸声系数 $\alpha = 1$，吸声量为 1 赛宾（m^2）。

若在房间墙壁上敷设多种不同的吸声材料，吸声系数和对应的敷设面积分

别为 α_1，α_2，$\cdots$，α_n 和 S_1，S_2，$\cdots$，S_n，则房间的总吸声量为

$$A = \sum_i S_i \cdot \alpha_i \qquad (3-44)$$

房间的平均吸声系数为

$$\bar{\alpha} = \frac{\sum_i S_i \cdot \alpha_i}{\sum_i S_i} \qquad (3-45)$$

其中：$S = \sum_i S_i$ 为房间的总面积。对于封闭空间声场的计算，除了考虑房间表面的吸收（即边界吸声）外，还要考虑室内家具及人的额外吸声量（即非边界吸声），具体操作在后续章节会详细介绍。

3.3.2　混响时间

吸声量和吸声系数都是衡量房间声学特性的重要参数，但它们均无法被直接测量。无规入射下，房间或材料的平均吸声系数可以通过混响时间计算获得。混响时间：定义为声源突然停止发声后，房间内声压级衰减 60 dB 所需要的时间(s)，以 T_{60} 表示。

设房间的体积为 V，总表面积为 S，平均吸声系数为 $\bar{\alpha}$，声源停止发声时房间声能密度为 ε_0。停止发声后，房间内的声场为扩散场，声波每次撞击墙面后声能密度均会下降至原来的 $1-\bar{\alpha}$，则撞击 n 次后声能密度变为

$$\varepsilon(t) = \varepsilon_0 (1-\bar{\alpha})^n \qquad (3-46)$$

声波在封闭空间内不断反射衰减，定义两次反射之间声波走过的平均距离为"平均自由程"，以 d 表示，它取决于房间的几何尺寸。声波每秒撞击壁面的次数 $n_0 = c/d$，房间内的声能为 εV。

按撞击次数计算，每秒房间声能损失为

$$(\varepsilon \cdot V) \frac{c}{d} \bar{\alpha}$$

按入射声强计算，每秒房间声能损失为

$$\frac{\varepsilon \cdot c}{4} S \bar{\alpha}$$

两种算法下损失能量相同，则

$$(\varepsilon \cdot V)\frac{c}{d}\bar{\alpha} = \frac{\varepsilon \cdot c}{4}S\bar{\alpha}$$

解出平均自由程为

$$d = \frac{4V}{S}$$

于是,声波每秒撞击壁面次数为

$$n_0 = \frac{cS}{4V} \tag{3-47}$$

将上式代入式(3-46),可得声源停止发声后房间声能密度为

$$\varepsilon(t) = \varepsilon_0(1-\bar{\alpha})^{n_0 t} = \varepsilon_0(1-\bar{\alpha})^{\frac{cS}{4V}t} = \varepsilon_0 \cdot e^{\frac{cS}{4V}t \cdot \ln(1-\bar{\alpha})} \tag{3-48}$$

根据式(2-39),声能密度正比于声压平方,有

$$\frac{p^2(t)}{P_0^2} = e^{\frac{cS}{4V}t \cdot \ln(1-\bar{\alpha})} \tag{3-49}$$

两边取对数并乘以 10(取级),则

$$L_{\mathrm{pt}} - L_{P0} = 10\lg(e^{\frac{cS}{4V}t \cdot \ln(1-\bar{\alpha})}) = 4.34\frac{cS}{4V}\ln(1-\bar{\alpha}) \cdot t \tag{3-50}$$

整理后得

$$L_{P0} - L_{\mathrm{pt}} = \frac{1.085c}{V} \cdot (-S\ln(1-\bar{\alpha})) \cdot t \tag{3-51}$$

其中:L_{P0} 和 L_{pt} 分别为停止发声时和停止发声后 t 时刻房间的声压级,按照混响时间的定义,取声速 $c=334$ m/s,令 $L_{P0}-L_{\mathrm{pt}}=60$,得

$$T_{60} = \frac{0.161V}{-S\ln(1-\bar{\alpha})} \tag{3-52}$$

这就是混响时间计算的"爱林公式"。工程上,当 $\bar{\alpha}$ 很小(一般 $\bar{\alpha} < 0.2$)时,$-S\ln(1-\bar{\alpha}) \to S\bar{\alpha} = A$,式(3-52)简化为

$$T_{60} = \frac{0.161V}{S\bar{\alpha}} \tag{3-53}$$

这是工程上更常用的"赛宾公式"。该式表明,混响时间长短与房间的容积

成正比,与吸声量成反比,利用该公式可以在混响室内通过测量混响时间而获得相应的吸声量及平均吸声系数。

以上混响时间的计算公式只考虑了封闭空间边界吸声的影响,而未涉及空气对声波的吸收。不同温度、湿度的空气对声波的吸收不同,在高频区影响显著,应加以考虑。计入空气吸声影响后,公式修正如下

$$T_{60} = \frac{0.161V}{S\bar{\alpha} + 4mV} \qquad (3-54)$$

其中:$4mV$ 为空气吸声附加量,m 为声波在空气中的衰减率,$4m$ 值列于表 $3-3$。在船舶舱室空气声计算中,当舱室体积足够大且空气湿度较高时需要用式($3-53$)修正,但对一般住舱及小型设备间,可以不予考虑。

表 $3-3$ 空气吸收系数 $4m$ 值(室温 20℃)

频率/Hz	室内相对湿度				
	30%	40%	50%	60%	70%
2 000	0.012	0.010	0.010	0.009	0.008 5
4 000	0.038	0.029	0.024	0.022	0.021 0
6 300	0.084	0.062	0.050	0.043	0.040 0

3.3.3 封闭空间的稳态声场

船舶舱室中如果存在噪声源设备,则称为有源舱室。在声源连续不断发声的情况下,任意点将接收到两种声波,一种是由声源直接传递过来的直达声,另一种是由边界多次反射形成的混相声。根据测点到声源的距离不同,这两种声能密度的相对比例也不同。

从能量的角度来分析,声源辐射的声功率对整个系统而言是能量输入,而房间边界和其他表面吸收则是能量输出。声源发出的声功率,一部分形成空间声场分布,另一部分则由吸声表面吸收,从而达到平衡。空间声能密度越大,扩散声场声强越大,边界吸收也越大。当噪声源声功率增大或减小时,空间声能分布和耗散能量会随之改变,达到新的平衡。

图 $3-7$ 所示是房间内声功率平衡示意图,假设声源的声功率为 W,若不计空气吸收,第一次撞击壁面后被吸收的能量是 $W\bar{\alpha}$,剩下的能量为 $W(1-\bar{\alpha})$,这

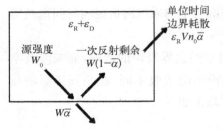

图 3-7 房间内声功率平衡示意图

些能量经过反复撞击壁面在单位时间内被完全耗散,以保证空间声场达到稳定的动态平衡。因此,房间或舱室内的声能密度 ε 由直达声声能密度 ε_D 和混相声声密度 ε_R 两部分相加而得到。

1)直达声场的声能密度 ε_D

直达声声场可按点源在自由场的辐射公式进行计算,因此声能密度为

$$\varepsilon_D = \frac{I}{c} = \frac{W \cdot Q}{4\pi r^2 c} \qquad (3-55)$$

其中:W 为声功率,W;c 为声速,m/s;r 为测点到声源额距离;Q 声源位置影响系数,与声源辐射的自由空间大小有关。当声源悬置于空中,可向整个自由空间辐射,$Q=1$;当声源置于地面,可向半自由空间辐射,$Q=2$;当声源置于墙边,可向 1/4 自由空间辐射,$Q=4$;当声源置于墙角,只能辐射 1/8 自由空间,$Q=8$。

2)混响声场的声能密度 ε_R

声源发出的声功率 W 第一次撞击到墙面后,反射的声功率为 $W(1-\bar{\alpha})$,这些能量将为"混声场多次撞击墙面所引起的声吸收"所平衡,即

$$W(1-\bar{\alpha}) = (\varepsilon_R V) \cdot \bar{\alpha} \cdot n_0 \qquad (3-56)$$

将式(3-47)代入得

$$W(1-\bar{\alpha}) = (\varepsilon_R V) \cdot \bar{\alpha} \cdot \frac{cS}{4V} \qquad (3-57)$$

因此混响场声能密度求解为

$$\varepsilon_R = \frac{4W}{c} \frac{(1-\bar{\alpha})}{S\bar{\alpha}} = \frac{4W}{cR} \qquad (3-58)$$

其中:$R = \dfrac{S\bar{\alpha}}{(1-\bar{\alpha})}$,称为"房间常数",这是一个非常重要的声学参数。

3)总声能密度和声压级

封闭空间(舱室)总声能密度

$$\varepsilon = \varepsilon_D + \varepsilon_R = \frac{W}{c}\left(\frac{Q}{4\pi r^2} + \frac{4}{R}\right) \qquad (3-59)$$

转化为声压为

$$\frac{p^2}{\rho_0 c} = W\left(\frac{Q}{4\pi r^2} + \frac{4}{R}\right) \tag{3-60}$$

两边取级得

$$L_p = L_W + 10\lg\left(\frac{Q}{4\pi r^2} + \frac{4}{R}\right) \tag{3-61}$$

或者以级差的形式表示

$$L_p - L_W = 10\lg\left(\frac{Q}{4\pi r^2} + \frac{4}{R}\right) \tag{3-62}$$

　　上式即封闭空间稳态声场的声压级计算公式,该式表明封闭空间内某测点的声压级由声源的声功率级、测点到源的距离以及房间常数(空间吸声性能)共同决定。该式在船舶舱室空气声计算中有着相当重要的作用。

　　室内声压级与声功率级差与距离的关系如图3-8所示,纵坐标是声压级与

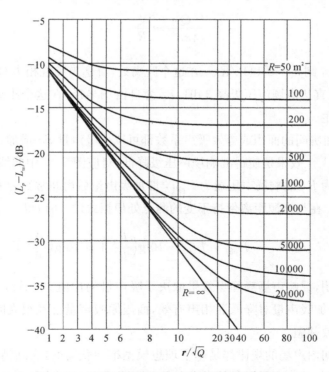

图3-8　室内声压级与声功率级差与距离的关系

声源声功率的级差 $L_p - L_W$，横坐标为 $r/\sqrt{Q}$，由图中曲线比较可见：

（1）当 $\bar{\alpha} \to 1$，即 $R \to \infty$，这时式（3-62）右边括号中第二项等于零，即

$$L_p - L_W = 10\lg\left(\frac{Q}{4\pi r^2}\right)$$

表示自由场"-6 dB/距离加倍"的衰减规律，对应于图中左下方斜直线。此时该封闭空间相当于"消声室"，以自由场为主导。

（2）当测点距离 r 不断增大时，式（3-62）右边括号中第一项趋于零，即

$$L_p - L_W = 10\lg\left(\frac{4}{R}\right)$$

或写为

$$L_W - = L_p + 10\lg(R) - 6.02 \tag{3-63}$$

表示声压不随距离而变化，封闭空间混响场占主导。

（3）在直达声与混相声声能密度相同的位置

$$\frac{Q}{4\pi r^2} = \frac{4}{R}$$

若 $Q=1$，则 $r_2 = 0.141\sqrt{R}$。在这个距离处，直达声和混相声对声场贡献相同，总声压比直达声场声压级高 3 dB。r_2 为自由场半径，在这个距离以内，声场以自由场为主。

（4）增加房间的面积或等效吸声系数都可以使吸声量 $S\bar{\alpha}$ 增加，从而使得房间常数 R 增大。效果是使得混响场声压级降低，对应图 3-9 曲线下移。假设原房间常数为 R_1 混响场声压级为 L_{pR1}，增加吸声量后房间常数为 R_2 混响场声压级为 L_{pR2}，在与声源距离保持不变的测点处根据式（3-61）得

$$L_{p1} - L_{p2} = L_{pR1} - L_{pR2} = 10\lg\left(\frac{R_2}{R_1}\right) \approx 10\lg\left(\frac{A_2}{A_1}\right) \tag{3-64}$$

上式说明，混响声场额降噪效果取决于吸声量的比值 A_2/A_1，在源吸声量 A_1 较小时增加吸声量对降低混相声有效，而当原吸声量已经很大时，采取吸声措施可能收效甚微。

上述房间内声场的规律都是基于理想模型推导获得的，实际情况下声源并非理想的点源，其在空间辐射的也未必是球面波，因此实际声场中的声压随距离

的变化更接近于图3-9所示的规律。图中横坐标为$\lg r$，纵坐标为稳态声压级，从图中可见声场可以分为不同的区域。

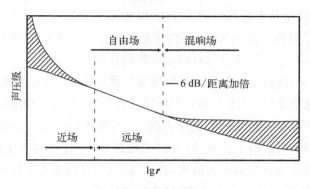

图3-9 实际声场特性

（1）近场和远场。绝大多数实际声源辐射的既不是平面波也不是球面波，在声源附近区域，声压与质点振速不是同相位变化，声强与均方根声压不成正比关系，称此区域为"近场"。近场区不可以用测量声压级来计算声功率级。此外近场区微小的位置变化可能引起声压的大波动，因此近场数据也不能用来估算远场声压级。近场的范围取决于声源尺度和频率，工程上规定从声源声学中心至测点距离r为1～2倍声源特征尺寸即$r < r_1 = 1L \sim 2L$的范围为近场区，同时要考虑频率的影响（$kr < 1$）。当$r > r_1$时就是远场区域，远场区域具有以下特征：

① 声压p与至声源声学中心距离r的关系为：对球面波$p \propto 1/r^2$；对柱面波$p \propto 1/r$；对平面波p为常数。

② 声强与声压的关系为：$I = p^2/\rho c$。

（2）直达场和混响场。远场部分离声源近处声场以直达声为主，称为直达场（自由场），至声学中心距离大于r_2后则为混响场，混响场也不能直接根据测量的声压级来计算声功率。声源声学特性的测量应当在$r_1 < r < r_2$范围内进行，即既是远场区域，又是直达场，在这个区域内，点源的声压级基本按照"—6 dB/距离加倍"规律变化。

3.4 矩形房间内的驻波

声传波的研究可分为几何声学研究与波动声学研究两类。几何声学研究中,把声波看作和光一样沿直线传播并在壁面发生反射,入射角等于反射角,是不考虑声波在空间传播过程中幅度随时间的变化以及声波之间的相互干涉的。前两节的研究就是基于几何声学进行的,但实际声波在空间传播时,通常包含多种频率成分,且对各个方向都有辐射,在某些特定频率下,沿不同方向传递的声波会互相干涉,形成空间各点具有固定振幅的驻波场。

特定频率下,声波动方程是一个标准亥姆霍兹方程,因此声压的空间分布存在特征函数,也就是说,封闭空间的声场同样存在"模态",这和结构振动中的"共振"类似。当声源按特定频率辐射噪声时,空间声场的声压会形成固定的分布,即振幅不随时间变化,看上去就像声波"原地踏步"一样。这时空间声能的分布是不均匀的,部分地方振幅永远最大,称为"腹点",有些地方声压恒等于零,称为"节点"。下面以矩形房间声场为例,讨论驻波模式。

假设矩形房间长宽高分别为 l_x、l_y、l_z,且壁面光滑坚硬(刚性壁面假设,$\bar{\alpha}=0$),根据式(2-16)、式(2-17)直角坐标系中声波动方程可以写成

$$\nabla^2 p = \frac{\partial^2 p}{\partial x^2} + \frac{\partial^2 p}{\partial y^2} + \frac{\partial^2 p}{\partial z^2} = \frac{1}{c^2} \frac{\partial^2 p}{\partial t^2} \tag{3-65}$$

刚性壁面即壁面法向速度为零,边界条件为

$$\begin{cases} \dfrac{\partial p}{\partial x}\bigg|_{x=0} = \dfrac{\partial p}{\partial x}\bigg|_{x=l_x} = 0 \\[3mm] \dfrac{\partial p}{\partial y}\bigg|_{y=0} = \dfrac{\partial p}{\partial y}\bigg|_{y=l_y} = 0 \\[3mm] \dfrac{\partial p}{\partial z}\bigg|_{z=0} = \dfrac{\partial p}{\partial z}\bigg|_{z=l_z} = 0 \end{cases} \tag{3-66}$$

利用分离变量法可解得符合波动方程并满足边界条件的解为

$$p(x, y, z, t) = A \cdot \sum_n \Phi_n(x, y, z) e^{j\omega_n t} \tag{3-67}$$

其中:Φ_n 为第 n 阶固有频率对应的特征(振型)函数,且

$$\Phi_n = \cos\left(\frac{\pi n_x x}{l_x}\right)\cos\left(\frac{\pi n_y y}{l_y}\right)\cos\left(\frac{\pi n_z z}{l_z}\right) \tag{3-68}$$

波数为

$$k^2 = k_x^2 + k_y^2 + k_z^2 = \left(\frac{\pi n_x}{l_x}\right)^2 + \left(\frac{\pi n_y}{l_y}\right)^2 + \left(\frac{\pi n_z}{l_z}\right)^2 \tag{3-69}$$

简谐振动频率(模态频率)为

$$f_n = \frac{\omega_n}{2\pi} = \frac{k_n c}{2\pi} = \frac{c}{2} \left(\left(\frac{n_x}{l_x} \right)^2 + \left(\frac{n_y}{l_y} \right)^2 + \left(\frac{n_z}{l_z} \right)^2 \right)^{\frac{1}{2}} \quad (3-70)$$

其中：c 为相速度，f_n 与一个正整数向量 (n_x, n_y, n_z) 对应的简谐振动频率，向量 (n_x, n_y, n_z) 表征的是三个方向上的驻波包含的完整半波的个数。

根据 n_x、n_y、n_z 是否为零，可将矩形房间中的所有驻波模式分为以下三类，如图 3-10 所示。

第一类：轴向波，即 n_x、n_y、n_z 有两个为零，是沿某一个坐标轴方向自由行波叠加而成的驻波。

第二类：切向波，即 n_x、n_y、n_z 有一个为零，是在某个坐标平面内的驻波。

第三类：斜向波，即 n_x、n_y、n_z 皆

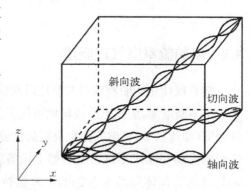

图 3-10　矩形房间驻波

不为零，是沿空间任意对角线的驻波。由此可见空间中的简正振动方式(即声模态)数目很多，在某个频率 f 下的模态总数可以按下式计算

$$N = \frac{4\pi f^3 V}{3c^3} + \frac{\pi f^2 A}{4c^2} + \frac{fL}{8c} \quad (3-71)$$

其中：V 为房间体积，m³；$A = 2 \cdot (l_x l_y + l_y l_z + l_z l_x)$ 为房间总表面积，m²；$L = 4(l_x + l_y + l_z)$ 为房间边长和，m。

在给定频带 Δf 的"模态密度"(单位频率模态数) $\Delta N / \Delta f$ 为

$$\frac{\Delta N}{\Delta f} = \frac{4\pi f^2 V}{3c^3} + \frac{\pi f A}{4c^2} + \frac{L}{8c} \quad (3-72)$$

在高频区，上式右边第一项占主导，可见房间模态密度主要取决于房间体积，而与房间形状无关。

船舶舱室空气声预报计算

4.1　船舶舱室空气声概述

　　随着现代化船舶领域对大型化以及快速性等各方面要求的提高,船舶推进装置功率不断增加,船舶电站及辅助系统工作强度增大,从而使得船舶结构振动以及各舱室(如驾驶室、机电集控室及船员住舱等)的空气声问题愈趋严重。一方面,高指标的振动和噪声不仅会影响船上设备的运行,还会影响乘员的适居性,从而影响船员的工作休息乃至船舶的正常航行;另一方面,由于动力性需求的增大,机电设备功率不断增加,而海洋平台等海工结构为了满足动力定位(dynamic positioning, DP)的需求,也开始配备大功率推进装置,这些动力机械引起的高量级结构振动还会引起周边结构的疲劳破坏并影响其他设备的正常工作。

　　船舶舱室空气声具有以下特征:噪声源种类多、辐射的声功率大、噪声频谱宽、中频和低频的占比较大。船舶噪声通常伴随着振动一起出现,由各种机械设备运行时产生的激励引发全船和局部结构在宽频带范围内的振动时,会产生二次声辐射,这是非声源所在舱室产生噪声的主要原因。

　　为了让船员及乘客在海上拥有安静的工作和生活环境,同时保证船舶的安全可靠性,国际海事组织(International Maritime Organization, IMO)第 91 届海安会(MSC91)通过了第 338 号关于 SOLAS① 修正案的决议,该决议自 2014 年 7 月 1 日起生效;新增 SOLAS II - 1/3 - 12 条,要求船舶构造应符合第 MSC.337(91)决议通过的《船上噪声等级规则》(简称《规则》),以保护人员免受噪声伤害。这一修正案的执行将对船舶设计及建造产生重大影响。

　　《规则》主要对船员的工作及生活区域作出了噪声限定,明确了其适用于 1 600 t 以上的新建船舶,但挖泥船、打桩船和高速船舶等不受这一草案限制。草案中,对噪声测量仪器和测量方法的新规定,强调不仅要在船舶航行试验时进行

---

　　①　国际海上人命安全公约,International Convention for the Safety of Life at Sea。

噪声测量,还要在船舶处于码头工况时进行噪声测量;对舱壁和甲板隔声指数测量的新规定,要求单独测量典型居住处所舱壁和甲板的隔声指数;在修改的噪声等级中规定,10 000 t 以上船舶的居住舱和医疗区域的噪声限值从 60 dB 下调到 55 dB,餐厅、娱乐等区域的噪声限值从 65 dB 下调到 60 dB,其他工作区的噪声限值从 90 dB 下调到 85 dB。《规则》原本属于非强制性标准,SOLAS 仅对船舶机舱噪声限值作了强制规定。但是,此次修订的草案正式生效后,SOLAS 对其全部引用,使涉及的规定都成为强制性标准。如此一来,船舶噪声的测量会由船舶入级的船级社指定或认可的机构进行,要求更高、更严格。

表 4-1 为第 MSC.337(91)号决议与原规范及我国相关噪声防护规范的对比,由各限制值的比较可见:① 第 MSC.337(91)号决议防护覆盖面更广,之前不在考虑范围内的舱室也列入了防护区域,并规定了噪声限制值;② 第 MSC.337(91)号决议的噪声限制值在原规范 A.468(XII)的基础上进一步降低了 5~10 dB,导致其已经几乎接近现有噪声控制措施的极限。

表 4-1 第 MSC.337(91)号决议与原规范及我国相关噪声防护规范的对比 dB(A)

噪声限值对比	位 置	第 MSC.337(91)号决议	A.468(XII)	CCS-1①	CCS-2②	CCS-3③
工作区域噪声限值对比	机器处所,包括舵机	105	110	110	110	110
	机器处所机器停机时	85	—	—	—	—
	机修间	80	85	85	85	85
	单独的分油机室	85				
	机器控制室和机动操控室	70	75	70	73	75
	厨房	70	75	70	73	75
	驾驶室,包括无线电室	65	65	60	63	65
	监听站	70	70			
	船上办公室和甲板控制室	65	65	57	60	65
	商店和报摊	65	—			
	其他工作场所	85	90	—		

①②③ 为中国船级社相关标准。

续　表

噪声限值对比	位　　置	第 MSC.337(91)号决议	A.468(XII)	CCS-1	CCS-2	CCS-3
休闲区域噪声限值对比	治疗室(医务室)	55-60	60	55	57	60
	卧室	55	60	52	55	60
	休闲和体操房	60	65			
	餐厅和其他居住舱室	60	65	57	60	65
	外部休闲区	70	75	70	73	75

更重要的是,IMO 原规范和国标都是选择性标准,这意味着即使部分舱室不能达到标准要求,也很少有相应的处罚措施。但是自第 MSC.337(91)号决议开始,噪声防护规范已经成为强制规范,未能达到要求的船舶将会受到相应的罚款处罚,甚至可能影响其入籍。因此在前期设计阶段进行船舶舱室空气声预报和评估,并根据计算结果采取一定减振降噪措施,使舱室空气声水平满足规范要求,同时避免因舱室空气声超标采取补救措施而造成的损失等对船舶设计和建造有着极其重要的意义。

4.2　船舶主要噪声源及传递路径

4.2.1　船舶噪声源

船舶噪声源按介质来分主要包括空气声源和结构噪声源两类,前者直接向空气辐射,后者则是固体结构中的振动。而另一种方法根据引起噪声的设备或系统不同又可以将船舶噪声源分为机电设备噪声、螺旋桨噪声及水动力噪声三类,其中机电设备噪声主要由主机噪声和辅助机械设备工作所引起的噪声。

1) 机电设备噪声

常用的主机是柴油机,其次是燃气轮机,以核装置作为动力设备的船舶还比较少。所有主机中,柴油机噪声源强度最大,它主要由气动、机械两方面产生的噪声。燃烧过程中气体在气缸中产生声驻波,声压起伏通过进排气过程等直接辐射,并通过气缸壁以结构噪声形式传播和辐射。燃烧过程中冲击波激励的机械振动通过活塞、连杆、曲柄轴传到柴油机构架上,并由曲轴箱、壳体等向外辐射声能。因此柴油机的噪声主要由进排气噪声和机壳辐射噪声构成。辅助机械一般功率较小,噪声的强度相对说来也较低。但是,如果泵和风机等设备安装在邻近驾驶室或客舱附近而不采取防噪措施,也容易造成严重的噪声干扰。需要指出的是,大部分机电设备往往既是空气声源,同时又是结构噪声源。

此外,通风系统或管道内的气流在转角和分叉处会产生涡流和湍流,从而引起额外噪声。严格来讲,这类噪声由流动引起属于流噪声。但在船舶管路系统噪声分析中,因为和泵与风机相关,在船舶设计中也可归于机电设备噪声类。工程上为了方便计算,管道内的涡流或湍流区域往往会被简化为等效噪声源,并根据经验公式给出源强度。

2) 螺旋桨噪声

螺旋桨噪声主要有旋转噪声和空化噪声(当桨叶表面的水分子压力降低到水的汽化压力以下时,产生气泡,气泡上升后破裂)。旋转噪声是螺旋桨在不均匀流场中工作引起干扰力(其频率主要决定于桨轴转速乘桨叶数,常称为叶频)和螺旋桨的机械不平衡引起的干扰力(其频率为桨轴转速,常称为轴频)所产生的噪声。螺旋桨出现空化现象以后,船舶水下噪声主要取决于螺旋桨噪声。出现空化时的航速称为临界航速。空化噪声具有连续谱的特征,空化噪声特性与桨叶片形状、桨叶面积、叶距分布等因素有关。在一定转速下,螺旋桨叶片旋转产生涡旋的频率与桨叶固有频率相近时,产生桨鸣。

另一方面,螺旋桨激振力除了表面力以外,还有轴承力,即不平衡激励通过轴承传递给船体引起船体结构振动。舱壁和甲板的结构振动会向周边辐射噪声,这也是一种噪声源。

3) 水动力噪声

水动力噪声主要是由于高速海流的不规则起伏作用于船体,激起船体的局部振动并向周围媒质(空气、水)辐射的噪声;此外,还有船下附着的空气泡撞击声呐导流罩,湍流中变化的压力引起壳板振动所辐射的噪声(声呐导流罩内的噪声一部分就是因此产生的)等。

4.2.2 船舶噪声传递路径

机电设备发出的噪声沿不同路径向全船乃至水下扩散,从噪声源出发一直到测点,噪声衰减量取决于传递过程中总的声功率损耗。船舶噪声的传递主要有三种路径。

1）空气声路径

动力或辅助机械设备直接向空气中辐射噪声称为空气声,也叫空气声。噪声沿空气传递的路径称为空气声路径,噪声能量在空气声路径的衰减与损耗主要有以下几类:

（1）空气声自由传递引起的衰减,比如直达声强随距离的衰减,还包括长距离传递时空气对声能的吸收。由于噪声源向整个空间辐射声能,若不考虑反射等影响,沿某确定方向传递的声功率必然小于源所发出的总功率,且声强随距离不断减小。

（2）空气声透过维护结构（甲板和舱壁等）时引起的能量损失,也叫隔声损失。船上的围护结构包括甲板、舱壁、各种隔板等。通常材料面密度越大,噪声频率越高,则噪声衰减越大。通常甲板和舱壁都是钢结构,隔声量相当可观,空气声在透过其过程中的衰减是很明显的。因此有的舱室（如机舱内）空气声占主要地位,而距离机舱较远的舱室受机舱空气声影响较小。

（3）空气声在管道内传递时遇到转角或分支所引起的衰减。管道内传递的噪声受管壁的限制,相当于一种在"声波导"中的传递,当遭遇转角或分叉时必然会发生反射和"能量分流",其传递损失在不考虑局部涡流或湍流的前提下是可以通过理论分析求得的,但这个数据通常比较保守。在条件允许的情况下,工程设计仍偏向于采用实测或者经验数据估算其传递损失。

总的来说,对空气声衰减规律的研究在理论上比较全面且透彻,但实际应用中因声波入射角度变化、围护结构材料与理论的差异、船舶结构及舾装建造精度（如隔声结构存在缝隙）等因素的影响导致空气声的传递衰减精确计算也比较困难。

2）结构噪声路径

机电设备在基座上引起的振动能量沿船舶结构传递到船体各部位,称为结构噪声。振动的结构（如舱壁或甲板）再向周围空气辐射噪声,称为结构噪声二次辐射或结构振动二次辐射噪声。振动沿船舶结构的传递路径就是结构噪声路径。结构噪声传递损失主要有以下几种:

（1）结构本身的阻尼引起的振动能量的衰减。所有材料都有一定的损耗因子（即结构阻尼）,结构噪声在传递过程中会相应发生损耗,这和空气对空气声的吸收类似。通常"湿甲板"（即与海水或其他液体接触的钢板,例如液舱壁或者船舶外板水下部分）的损耗因子比"干甲板"（仅与空气接触）要大一些,但在短距离内,光靠钢结构本身的损耗振动衰减非常有限,往往需要通过敷设阻尼层来增大结构的等效损耗因子,从而有效耗散振动能量。

（2）减振器、隔振垫、浮筏等减振措施引起的振动衰减,往往用隔振量来衡量。结构振动能量经过振动隔离设施后通常会有较大程度的降低,且往往频率越高隔振效率越高。隔振设施的隔振量随频率变化,可以根据其等效刚度进行估算,工程预报中更多采用倍频带经验数据。

（3）结构振动在结构转角或分支处的能量衰减。根据结构噪声传递规律研究,结构振动能量传递在任何阻抗不连续(阻抗失配)处都会发生反射和能量分流,其中包括几何突变和材料突变及传递方向突变等情况,这和管道内的空气声传递类似。因此结构振动在结构转角、分支(T形或十字形结构)乃至加强筋处都会产生相应的反射,从而引起能量衰减。无限尺度结构或半无限结构的转角或分支损失可以通过理论分析获得,有限结构的传递损失还受结构模态影响,相对较复杂。

与空气声路径不同的是,由于结构噪声在传递过程中不同形式的结构波可能会相互耦合进而引起船体结构共振,从而放大结构振动,这也可以说是对结构噪声的"负衰减"。这是船舶噪声振动控制所不希望发生的。因此在详细设计早期,往往会利用有限元对全船及局部模态进行估算,以避免共振情况。另一方面,由于绝大多数船体结构都是采用钢材建造,钢材不仅是振动能量传递的良导体,声辐射效率也很高,使得结构噪声对船舶整体的噪声贡献分量很大。在不敷设阻尼的情况下,光靠增加传递距离不能明显地降低结构噪声,所以实际在船舶上距离声源较远的舱室的噪声大多是由结构噪声引起的。

理论上降低结构噪声的有效方法是阻断其传递介质或采用弹性连接来实现,然而在船体结构中,为了保证船舶结构连续性,满足强度要求,通过插入弹性连接单元(中断结构)的手段来实现隔振是不现实的。在此前提下,采用阻波手段以达到降低振动能量的传递效率是唯一出路。振动能量通过结构传递时呈现的波形主要有:弯曲、纵振、横振以及扭振。其中弯曲波能与空气声辐射相互结合,对结构噪声的传递而言是最重要的一种波形。但这并不是说弯曲波所携带的振动能量比其他波形多,因为各种波形是相互关联的,在结构连接处各种波形可以相互转换,但其能量分配方式仍然不能精确计算。

3）水下辐射噪声

水下辐射噪声由两部分构成,其一是螺旋桨引起的水下噪声,其二是船体亲水表面振动向水下辐射的噪声。水下噪声影响的主要是舰船尤其是潜艇的隐蔽性,可以通过边界元方法来进行计算。这些并不是本书关注的方向,本章节主要介绍的是空气声及结构噪声二次辐射对舱室空气声的贡献和影响。

4.3 船舶舱室空气声预报方法

船舶舱室空气声预报主要分为两类：一类是校核型预报，即在船舶详细设计完成后建造开始前，根据设计参数对全船噪声水平进行计算和评估，旨在考核舱室空气声是否达到规范要求；另一类是设计型预报，即在详细设计前期利用有限输入参数对各主要舱室进行噪声水平预估，并根据预报结果进行优化和改进，以保证将绝大部分噪声隐患扼杀在设计阶段，这也是"早期声学设计"的重要环节。从避免噪声振动的潜在影响及提高设计效率的角度出发，设计人员显然更关心后者。目前，对于校核型预报，主要采用的是基于统计能量分析（statistical energy analysis，SEA）方法的仿真计算，可依托商业软件进行，但对设计参数需求比较详细。而在设计前期，船舶的结构和舱室分布情况以及部分参数尚不能完全确定，加之噪声预报对快速性和简便性的需求，因此对于设计型预报，技术人员更多采用的是基于经验公式的快速预报方法。这种方法的计算比较粗略，精度受输入参数影响较大，但操作简便且无须建立全船模型，方便对部分舱室进行重点考虑。以下分别对两种方法进行介绍。

4.3.1 基于统计能量分析的预报

SEA 是基于统计物理学理论的结构振动数值分析方法。该方法主要应用于高频率内的噪声与振动分析，能较为准确地描述振动系统中各部件的平均振动声学特性。其主要思路是：首先将整个结构划分成若干个线性耦合的子系统。然后假设各子系统之间的主要能量流是由于结构共振或声学模态引起的，对每个子系统的振动能量进行时间、频率及模态的平均以得到该子系统的一个平均能量级。再根据能量守恒原理，使子系统因外部激励或子系统间的耦合而产生的能量等于其散射的能量，并利用耗散损失因子和耦合损失因子建立起一系列和这些平均能量级相关的线性方程。最后通过求解这些方程而得到系统的平均的振动能量分布。基于这一思路，SEA 在应用时存在一些与实际情况略有偏差的人为假设，而且由于采取了统计平均，SEA 在工程应用中的高频振动（宽频带激励）分析中有较好的效果。但是在中低频区或者对窄带激励的情况，由于系统模态密度过低的缘故，该方法可能会导致较大的计算误差。同时，无论一个子系统的几何尺度多大，在 SEA 中所关心的也只是子系统的平均能量级，而对系统内的声场和振动速度的详细分布无法进行描述。

SEA 的基本理论主要包括 3 个方面的内容：SEA 基本假设，功率流平衡方程,基本参数。

1) 基本假设

由于 SEA 采用的是能量统计平均的方法,因此在使用 SEA 方法解决实际问题时,必须以相应假设作为前提条件,否则将产生严重的计算误差。SEA 使用主要包括以下 6 个方面:

假设一:SEA 只适用于保守耦合系统的动力学分析。保守耦合指的是各子系统之间连接处无能量的产生和损耗,不同子系统之间具有线性的守恒的耦合。

假设二:SEA 中的子系统被认为是"弱耦合"连接。一般认为,当两个耦合的子系统间的耦合损耗因子 η_{ij} 在数值上明显小于各自的内损耗因子 η_i 和 η_j 时,两个子系统之间的耦合被认为是弱耦合。

假设三:子系统受到宽频、非相关的激励力,这些激励力在统计上是独立的。

假设四:子系统的各共振模态能量在给定频带内分布均匀。

假设五:在分析频带内,子系统具有足够高的模态密度。

假设六:子系统具有足够高的模态叠合系数。

2) 功率流平衡方程

统计能量分析中的子系统必须是可储存振动能量的子系统,而只有符合模态相似准则的子系统才能储存振动能量,模态相似的准则是振型要有相同的动力学特性,即相同的模态能量、相同的阻尼和相同的耦合损耗因子等。由这些子系统组成的统计能量分析模型才可以表示出该模型能量的输入、储存、耗损和传输的特征。

(1) 两个子系统。最简单的情况为两个子系统耦合而成的模型,如图 4 - 1 所示。其中一个子系统受外激励,另一个子系统则仅是通过耦合连接来驱动。

两个子系统间能量平衡方程为

$$
\begin{cases}
P_1 = \omega\eta_1 E_1 + \omega\eta_{12} n_1 \left(\dfrac{E_1}{n_1} - \dfrac{E_2}{n_2} \right) \\[2mm]
P_2 = \omega\eta_2 E_2 + \omega\eta_{21} n_2 \left(\dfrac{E_2}{n_2} - \dfrac{E_1}{n_1} \right)
\end{cases}
\tag{4-1}
$$

其中:P_1、P_2 为各子系统系统输入能量;η_{ij} 为能量由子系统 i 传递到子系统 j 时的耦合损耗因子(i, j =1、2),也叫互损耗因子;E_1、E_2 为子系统对应能量;ω 为分析频段的中心频率;η_1、η_2 为阻尼损耗因子(自损耗因子),n_1、n_2 为子系统的模态密度。

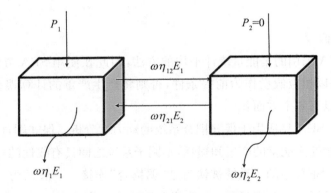

图 4 - 1　两子系统 SEA 分析模型

（2）两个以上子系统。进一步考虑多个子系统的情况，假定一共有 n 个子系统相互耦合，且第 i 个子系统的内损耗功率为 P_{id}，类似简单振子系统，SEA 子系统 i 的内损耗功率有如下关系式

$$P_{id} = \omega \eta_i E_i \tag{4-2}$$

对于任意第 i 个子系统有如下功率流平衡方程

$$P_{i,\,\text{in}} = \dot{E}_i + P_{id} + \sum_{\substack{j=1 \\ j \neq i}}^{N} P_{ij} \tag{4-3}$$

其中：$P_{i,\,\text{in}}$ 为外界输入功率，$\dot{E}_i$ 为子系统 i 的能量变化率，P_{ij} 为子系统 i 流向子系统 j 的纯功率流。当系统的振动达到稳定时，$\dot{E}_i = 0$，此时式(4-3)可写成如下形式

$$P_{i,\,\text{in}} = \omega_i \eta_i E_i + \sum_{\substack{j=1 \\ j \neq i}}^{N} (\omega \eta_{ij} E_i - \omega \eta_{ji} E_j) \quad (i = 1, 2, \cdots, N) \tag{4-4}$$

将所有子系统的功率流平衡方程写成矩阵的形式如下

$$\omega \begin{bmatrix} \left(\eta_1 + \sum_{i \neq 1}^{N} \eta_{1i}\right)n_1 & -\eta_{12}n_1 & \cdots & -\eta_{1n}n_1 \\ -\eta_{21}n_2 & \left(\eta_2 + \sum_{i \neq 2}^{N} \eta_{2i}\right)n_2 & \cdots & -\eta_{2n}n_2 \\ \vdots & \vdots & & \vdots \\ -\eta_{N1}n_N & -\eta_{N2}n_N & \cdots & \left(\eta_N + \sum_{i \neq N}^{N} \eta_{Ni}\right)n_N \end{bmatrix} \begin{Bmatrix} \dfrac{E_1}{n_1} \\ \dfrac{E_2}{n_2} \\ \vdots \\ \dfrac{E_N}{n_N} \end{Bmatrix} = \begin{Bmatrix} P_1 \\ P_2 \\ \vdots \\ P_N \end{Bmatrix}$$

$$\tag{4-5}$$

其中：n_i 为子系统 i 的模态密度，P_i 为外界对子系统 i 的输入功率。式（4-5）为 SEA 的核心公式，它将所有子系统储存的能量、内部损耗因子、子系统间的功率流、外部输入功率联系起来。

3）基本参数

算法中重要的基本参数如下：

（1）模态密度。SEA 中的模态密度用来衡量振动系统储存能量的能力。对于一些简单的子系统，如杆、梁、板等，可以首先从系统的振动方程得到频率方程，然后找到用频率表示的共振频率数的数学表达式，再将其对频率取微分就可得到模态密度的计算公式。对于一些构形复杂的系统，要想计算它们的模态密度可能比较困难，常常采用理论与实验相结合的方法来确定它们的模态密度。

（2）内损耗因子。内损耗因子是指子系统在单位频率内单位时间损耗能量与平均储存能量之比，表示为

$$\eta = \frac{P_d}{\omega E} = \frac{1}{2\pi f} \frac{P_d}{E} \tag{4-6}$$

结构子系统 i 的内损耗因子 η_i 一般包括 3 部分，即

$$\eta_i = \eta_{is} + \eta_{ir} + \eta_{ib} \tag{4-7}$$

其中：η_{is} 为结构内摩擦项，η_{ir} 为声辐射阻尼项，η_{ib} 为边界阻尼项。

结构部件的声辐射损耗因子计算公式为

$$\eta_{ir} = \frac{\rho c \sigma}{\omega \rho_s} \tag{4-8}$$

其中：σ 为结构的辐射比，也叫辐射效率；ρ_s 为结构的面密度。

当子系统结构间为刚性连接时，一般 $\eta_{ib} \ll \eta_{is}$，此时可以看成 $\eta_i = \eta_{is} + \eta_{ir}$，略去声辐射影响后，1 mm 厚钢板的内损耗因子近似为

$$\eta_i = 0.47 f^{-0.7} \tag{4-9}$$

考虑声辐射后，内损耗因子需要比上式决定的数值大一些，一般情况下可认为内部损耗因子随板厚增加而增加。对于声腔的内损耗因子，采用下式进行计算

$$\eta_i = \frac{2.2}{f T_R} = \frac{13.82}{\omega T_R} \tag{4-10}$$

其中：T_R 为声腔的混响时间，f 为频带的中心频率。

（3）耦合损耗因子。耦合损耗因子是功率从一个子系统传递到另一个子系统的一种测量，是表征子系统间耦合作用大小的一种度量。确定耦合损耗因子是一件比较困难的事情，但是可以通过计算、测量或者用已知值来估算未知值。对于一些简单系统，如双振子耦合结构，可通过求解其运动方程直接得到其耦合损耗因子。当子结构间是弱耦合连接时，可以通过测量耦合前后系统固有频率的偏移得到。常见文献给出两种典型连接的耦合损耗因子表达式。

对于板结构线连接的耦合损耗因子

$$\eta_{ij} = \frac{l c_g}{\pi \omega A_i} \langle \tau_{ij} \rangle \qquad (4-11)$$

其中：l 为线连接总长，c_g 为子系统 i 的弯曲波群速度，A_i 为子系统 i 的表面积；$\langle \tau_{ij} \rangle$ 为波的传导系数。

对于三维声空间面连接的耦合损耗因子

$$\eta_{ij} = \frac{c_i A}{4 \omega V_i} \langle \tau_{ij} \rangle \qquad (4-12)$$

其中：c 为声速，A 为耦合面积，V_i 为声空间体积，$\langle \tau_{ij} \rangle$ 为两个声腔间的传递系数。

在船舶声学设计过程中，全船舱室空气声模型是一个非常复杂的系统，所涉及的声学单元数量成百上千，使得式（4-5）的规模会非常大，根本不可能通过手算获得结果。因此，上述 SEA 预报方法及其相应的方程读者仅需理解即可，详细计算往往会通过如 VA one、Cabin Noise 之类的成熟计算软件来完成，对于技术人员而言主要关心的还是三个问题：第一是声学单元如何划分；第二是三类基本参数如何选取、设定乃至调整；第三就是原强度如何确定。这里面技术因素影响较小，更多的是在不断操作中所积累的工程经验。

4.3.2 基于"S-P-R"系统分析的快速预报

在船舶详细设计的早期阶段，虽然船型和主体结构已经确定，但内部舱室划分及功能区设置还有待调整，同时主要机电设备的型号也可能没有完全确定。在这种情况下，基于详细参数输入的全船性 SEA 建模分析显然不是很适合，也没有必要。通常在这个阶段，设计人员只需根据有限参数重点考虑部分重要舱室及其对周边局部区域的影响，因此局部性的快速预报成了早期声学设计和优化的首选,这类预报方法大多是基于经验公式结合简单能量平衡关系进行求解的。

4.3.2.1 "S-P-R"系统分析的主要思路

在局部模型预报中不需要列出全船舱室的能量平衡关系,快速性的预报关注的是设备主要噪声源对周边的影响,即"S-P-R"系统分析。这里的"S"是指噪声源(source),"P"是指传递路径(path),"R"是指接收点"receiver",简单地讲就是噪声能量从噪声源出发,扣除传递路径上的传递损失,得到抵达接受点的噪声能量,再结合接收点声学参数(如房间常数)计算接收点噪声量级。

图4-2所示的是基于"S-P-R"系统分析的船舶舱室空气声快速预报技术路线,主要计算步骤可以简单概括如下:

(1)通过实测、计算或者经验公式得到空气声源及结构噪声源的源强度级。

(2)计算由这两种噪声分别沿各自传递路径至目标舱室的声衰减量,将两者相减得到接收点处的声功率级。

(3)最后在目标舱室,结合房间常数 R 将声功率级转化为接收点处的空气声声压级。

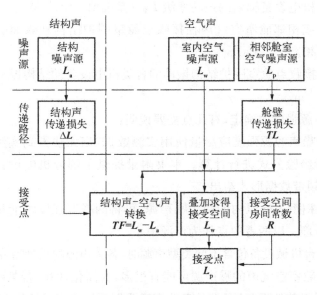

图4-2 "S-P-R"系统分析的船舶舱室空气声快速预报技术路线

考虑到船上舱室众多,空气声的传递路径多种多样,为避免计算的过分复杂性采用以下3点假设:

（1）非相邻舱室的空气声源的传递可以忽略。

（2）相邻两个舱室中远的结构噪声源的传递可忽略。

（3）当几个噪声源具有相同的传递路径时，这些噪声源的源强度级可以"能量相加"。

4.3.2.2 局部预报的具体流程

现根据上述预报思路，给出具体计算步骤：

1）第一步：噪声源估算

引起接收点舱室空气声的主要因素有以下 4 类：

（1）室内噪声源引起的空气声辐射。

（2）室外或邻近舱室空气声通过围护结构（如舱壁、甲板等）传入舱室的空气声。

（3）室外噪声通过围护结构开口（如门、窗等）传入室内的空气声。

（4）围护结构振动所引起的二次声辐射。

噪声源估算就是利用实测数据、经验公式或借助理论分析来确定各类噪声源的源强度，包括：

（1）室内机电设备辐射的声功率级 L_W（基准值：10^{-12} W）。

（2）室外或相邻舱室空气声在接收点舱室围护结构外表面引起的声压级 L_p（基准值：20×10^{-6} Pa）。

（3）引起接收点舱室围护结构振动的各类机电设备的结构振动加速度级 L_a（基准值：10^{-6} m/s²）。

关于噪声源强度的确定，有几点需要说明：

（1）对于噪声源源强度应尽量使用实测数据，当无法得到实测数据时按照理论分析或者经验公式进行计算。本书附录提供了部分机电设备的噪声源强度，以 1/1 倍频带数据形式给出。

（2）对于相距 3 m 以内的两个噪声源，可将两者源强度级能量相加后作为一个噪声源处理。以两者中点作为声源中心。

（3）当一台机械设备包含不同类型声源时，各类声源的贡献需分开独立考虑。

（4）引起舱室空气声的噪声源可能有很多，为简化计算，若某些设备的噪声源强度明显低于其他设备（通常是声功率级或振动加速度级低约 10 dB），则这些设备的对舱室空气声的贡献可以忽略不计。

2）第二步：传递路径计算

空气声和结构噪声传递路径中的传递损失 TL 主要包括：

（1）围护结构隔声引起的空气声传递损失。

围护结构的舱壁及甲板的隔声量即空气声传递损失在缺乏经验数据的时候可按以下理论公式进行估算

$$TL = 14.5\lg(\rho_s \cdot f) - 26 \qquad (4-13)$$

其中：ρ_s 为隔板面密度，kg/m^2；f 为 1/1 倍频带中心频率，Hz。

（2）设备基座与减振器引起的结构噪声传递损失。

减振器传递损失的可查阅隔振器相关技术资料或型谱。在没有数据的情况下可根据下式进行估算，无阻尼单层隔振系统的传递损失与频率比的关系为

$$TL = 20\lg \left(\frac{\sqrt{(1-\bar{\omega}^2)^2 + (2\xi\bar{\omega})^2}}{\sqrt{1+(2\xi\bar{\omega})^2}} \right) \qquad (4-14)$$

其中：$\bar{\omega} = \omega/\omega_n$，为激励力频率与系统固有频率之比，简称频率比；$\xi$ 为隔振器等效阻尼。

由上式可见，传递损失的理论值随频率的增大而趋于无穷大。但实际情况中，减振器在高频段存在驻波效应，降低了高频区的传递损失。因此建议尽量采用实测值或经验公式推荐值。

（3）结构噪声沿甲板或船壳传递引起的传递损失。

结构波沿普通甲板或敷设自由阻尼层甲板的传递损失

$$TL = 13.6\eta/\lambda \qquad (4-15)$$

其中：η 为普通甲板或敷设阻尼层甲板的等效损耗因子，λ 为沿甲板传递的结构波的波长。对于亲水船壳或有约束阻尼层甲板，每米的传递损失应根据实际情况适当增加。

（4）转角、分叉以及结构不连续所引起的结构噪声传递损失。

结构波在传递过程中遇到转角或者接头（T 形或十字）时会有一部分振动能量被反射回去，而另一部分则通过转角或接头继续传递。转角传递损失可以定义为

$$TL = 20\lg\left(\frac{1}{|\tau|}\right)$$

其中：τ 为结构波透射系数。

转角结构波透射系数的计算相当复杂，它与结构噪声在介质中的特征阻抗

以及截面几何特性都有关系。但是对于低频情况，根据理论分析，同种介质中结构噪声能量的传递只与转角形式、几何尺寸及传递方向有关。

① 直角转弯：

$$TL = 20\lg\left(\frac{\sigma^{-5/4} + \sigma^{5/4}}{\sqrt{2}}\right) \tag{4-16}$$

② T 形转角：

直通路径

$$TL = 10\lg\left(2 + 2\sigma^{5/2} + \frac{1}{2}\sigma^5\right) \tag{4-17}$$

转角路径

$$TL = 20\lg\left(\sqrt{2}\sigma^{-5/4} + \frac{1}{\sqrt{2}}\sigma^{5/4}\right) \tag{4-18}$$

③ 十字转角：

直通路径

$$TL = 20\lg\left(1 + \frac{1}{2}\sigma^{5/2}\right) + 3 \tag{4-19}$$

转角路径

$$TL = 20\lg(\sigma^{-5/4} + \sigma^{5/4}) + 3 \tag{4-20}$$

其中：$\sigma = h_2/h_1$ 为构成转角的两甲板的厚度之比。

以上公式对于极低频情况成立。而根据理论研究的规律，在没有采取阻波措施的转角处，结构噪声透射系数随频率的变化并不显著，因此可将低频计算值作为高频段的保守估算值。

在传递路径损失方面有两点需要说明：① 由噪声源至接收点通常有多条传递路径，当某条传递路径上的传递损失明显大于其他路径时，该条传递路径可以忽略不计。② 上述估算公式均为理想条件下的理论公式，在实船上应用误差可能较大。建议在有实测数据的情况下，尽量采用实测数据。本书第 6 章提供了不同结构及减振降噪措施的传递损失值，部分经验数据以 1/1 倍频带数据形式给出。

3）第三步：接收点声压级计算

噪声源强度减去传递路径上的各类传递损失，可得传至接收点舱室的空气声声功率级以及结构振动加速度级；再利用围护结构的辐射效率可求得维护结构引起的二次辐射声功率；将空气声功率和二次辐射声功率能量求和，再结合房间常数，就可以求出接收点舱室空气声声压级。

当接收点舱室仅存在室内噪声源声辐射时，该舱室被称为"源空间"（或"源舱室"）；当室内不存在明显的噪声源设备，而噪声主要是由室外传入时，该舱室被称为"接收空间"（或"接收舱室"）。声压级计算按照上述两类空间分别进行。对于某些舱室而言，它可能既是源空间，又是接收空间，则总声压级将按照两类不同空间计算得出的声压级的能量之和计算。

（1）源空间声压级。

① 计算源空间房间常数 R_{so}：

根据第 4 章内容，源空间房间常数 R_s 理论上可以按下式进行计算。

$$R_{so} = \frac{S\bar{\alpha}}{1-\bar{\alpha}} \tag{4-21}$$

其中：S 为房间内表面总面积，m^2；$\bar{\alpha}$ 为内表面平均吸声系数。

$$\bar{\alpha} = \frac{\sum S_i \alpha_i}{S} \tag{4-22}$$

其中：S_i 内表面不同部分表面积，m^2；α_i 为与 S_i 对应的吸声系数。

当房间内表面材料未知，或者需要对房间常数进行快速估算时，可以采用近似方法。此时，房间内表面分为"硬表面"（如甲板、舱壁及其他坚硬抛光材料）和"软表面"（如吸声天花板、内装饰板及甲板上铺的地毯等）两类。硬表面和软表面的近似吸声系数如表 4-2 所示。

表 4-2　硬表面和软表面的近似吸声系数

表　面	1/1 倍频带中心频率/Hz								
	31.5	63	125	250	500	1 000	2 000	4 000	8 000
硬表面 α_H	0.10	0.10	0.09	0.05	0.02	0.01	0.01	0.01	0.01
软表面 α_S	0.10	0.20	0.25	0.40	0.60	0.70	0.70	0.60	0.50

此外舱室内除边界表面（维护结构表面）吸声外，家具或机器等设备外表面也有一定的吸声量。这些非边界吸声表面同样可以分为硬表面和软表面，相应的面积系数（即两种表面占舱室总表面积的比例）C_H、C_S 如表 4-3 所示。

表 4-3　常见舱室表面系数表

舱 室 种 类	硬表面系数 C_H	软表面系数 C_S
休息室、餐厅	0	0.1
船员餐厅、办公室	0.2	0.2
卧舱	0	0.2
主机舱	0.5	0.2
辅机舱	0.4	0.2
次辅机舱（泵舱、应急发电机舱、舵机舱）	0.3	0.1

注：对于表中未列出的舱室，面积系数可以保守取为 0。

经修正后，舱室总房间常数可以根据不同表面的面积与对应的吸声系数按式（4-21）和式（4-22）进行计算。也可以近似地计算为

$$R_{so} = R_{总} = R_B + R_H + R_S \qquad (4-23)$$

其中：R_B、R_H、R_S 分别为与边界表面、非边界硬表面及非边界软表面对应的房间常数。

② 混响场声压级：

$$L_P^R = L_W - 10 \cdot \lg(R_{so}) + 6 \qquad (4-24)$$

其中：L_P^R 为混响场声压级，dB；L_W 为室内噪声源总声功率级，dB；R_{so} 为房间常数，m^2。

③ 直达场声压级：

$$L_P^D = L_W - 20\lg(r) + 10\lg(Q) \qquad 当 r < 3\,m \qquad (4-25)$$

$$L_P^D = L_W - 30\lg(r) + 10\lg(Q) - 6 \qquad 当 r \geqslant 3\,m \qquad (4-26)$$

其中：L_P^D 为直达场声压级，dB；L_W 为室内噪声源总声功率级，dB；r 为测点至噪声源声学中心距离，m；Q 为声源位置影响系数，参见第 4 章。

需要指出的是：式(4-25)、式(4-26)所表示的直达场计算公式与第 4 章相关公式略有差异，主要是考虑的是点源均匀辐射的理想情况。而实际船舶舱室中，主要机电设备都有较大的体积和表面积，在源强估算时可以近似作为点源处理，但在声场计算中考虑到近场影响及指向性等问题，根据测点距离进行了修正。

④ 测点(接收点)总声压级：

源空间内测点总声压级按混响场声压级与直达场声压级能量之和计算，即

$$L_{\mathrm{p}} = L_P^D + L_P^R = 10\lg(10^{0.1L_P^D} + 10^{0.1L_P^R}) \tag{4-27}$$

当室内存在多个噪声源时，接收点声压级按各个噪声源计算得出声压级能量之和计算。

(2) 接收空间声压级。

① 计算接收空间房间常数 R_{re}。

接收空间 R_{re} 的计算参照 R_{so} 按源空间房间常数计算方法计算。

② 室外噪声通过围护结构传入室内的声功率级

$$L_W^1 = L_{\mathrm{p}} + 10\lg(S) - TL - 6 \tag{4-28}$$

其中：L_W^1 为传入室内的声功率级，dB；L_{p} 为舱壁外表面(源空间)声压级，dB；S 为舱壁面积，m^2；TL 为舱壁的传声损失，dB。

③ 将结构噪声源强度减去传递路径中各种结构噪声传递损失，分别求得舱室围护结构 6 个面的结构振动加速度级。

④ 结构噪声—空气声的传递函数。

根据辐射效率的定义，舱壁结构噪声—空气声的传递函数 TF 按下式计算

$$TF = 10\lg(S) + 10\lg(\sigma_{\mathrm{rad}}) - 20\lg(f) + 10 \tag{4-29}$$

其中：f 为 1/1 倍频带中心频率，Hz；S 舱壁表面积，m^2；σ_{rad} 为舱壁的辐射效率。

⑤ 舱壁二次辐射声功率

$$L_W^2 = TF + L_{\mathrm{a}} \tag{4-30}$$

其中：L_W^2 为舱壁二次辐射声功率级，dB；L_{a} 为舱壁振动加速度级，dB。

⑥ 将 L_W^1 和 L_W^2 能量求和得到接受空间总声功率级 $L_W^{\mathrm{总}}$，因为不存在直达声，可按混响场声压计算式(4-23)计算接收空间声压级，计算中采用接收点舱

室房间常数 R_{re}。

需要指出的是,多数情况下,对于源空间而言,其围护结构的二次辐射声功率远小于舱室内噪声源所辐射的声功率,因此文中在计算源空间噪声级时将其忽略。只有确定结构噪声引起的二次辐射噪声量级大于或与室内噪声源强度相当时,才需按接收空间计算中介绍的二次辐射噪声计算方法计算,并计入该舱室混响场的贡献。

4.3.2.3 "S-P-R"扩展到全船噪声预报

上述方法对于局部舱室的预报具有明显的简便性和快速性,而且根据设计需要同样可以扩展到全船噪声预报与计算。具体流程为:首先基于实测数据或运用经验公式确定噪声源强度(即外部激励);然后将全船分为不同的声学单元,参考"S-P-R"系统分析在局部舱室的预报流程,得到某个具体舱室(声学单元)的噪声能量平衡关系;再对所有声学单元应用平衡方程,获得全船空气声模型(能量线性方程组);通过矩阵方程求解得到全船各舱室空气声能量分布;最后结合房间常数便可计算出房间总声压级。全船空气声计算流程如图4-3所示。

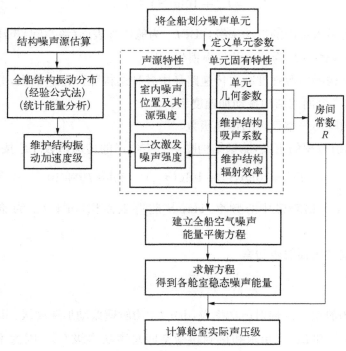

图4-3 全船空气声计算流程

具体操作方法如下：

1）将全船划分噪声单元

所谓噪声单元就是用于空气声能量计算的基本单元，它可以是某个具体的舱室，也可以是某个舱室的一部分。考虑到舱壁对噪声的吸收和反射作用，以及混响场的基本假设，实际噪声单元的划分都是以舱室为依托，按甲板逐层进行的。单元划分的基本原则是：

（1）除排气烟道外，属于不同甲板的舱室，必须划分成不同的单元。

（2）对于某一甲板的具体舱室：如果其几何形状规则（如：长方体，正四面体等），可直接单独划分为一个单元；如果其几何形状不规则，可将其分解成若干个几何形状规则的子空间，每个子空间定义为一个单元。

（3）单元之间可能不存在实际的舱壁或隔板，这时可将其边界面定义为一块透射系数为1（或吸声系数为1）的理想"虚舱壁"。

（4）对于锥台形的舱室，在其锥度不是很大的情况下，可近似作为等体积的长方体处理。

（5）若某噪声单元的部分围护结构是船舶的外钢板，也就是说该单元存在不与任何其他单元连接的自由边界。对于这样的边界有两种处理方法：其一，认为该边界只有能量输出，无能量输入；其二，将舰船外表面的海洋本底噪声作为能量输入边界条件处理。

2）定义各噪声单元的单元参数

单元参数主要包括：

（1）单元的房间常数。房间常数可通过混响时间测量来获得，或根据单元几何尺寸（单元的长、宽、高）和围护结构的吸声系数来计算。

（2）单元内的噪声源位置及其源强度。

（3）单元围护面的辐射效率。

（4）单元围护面的隔声量。

（5）单元围护面的振动加速度级或者速度级。

3）列出"噪声单元"能量平衡方程

当某个噪声单元处于稳定状态的时候，单位时间内由其自身产生的能量及由边界传递进入单元的能量之和，应该等于由边界吸收掉的能量及通过边界传递入系统的能量之和，即

$$W_{s} + W_{in} = W_{a} + W_{out} \qquad (4-31)$$

其中：W_s 为单位时间内单元内机电设备产生空气声能量；W_a 为单位时间内单元围护结构吸收或耗散掉的空气声能量；W_{in} 为单位时间内从相邻单元传递入单元的空气声能量之和；W_{out} 为单位时间内从单元传递到相邻单元的空气声能量之和。

根据第 4 章相关内容，单元内混响声和直达声的声能密度分别为

$$\text{直达声声能密度} \quad \varepsilon_D = \frac{I}{c} = \frac{W \cdot Q}{4\pi r^2 c}$$

$$\text{混响声声能密度} \quad \varepsilon_R = \frac{4W}{c} \frac{(1-\bar{\alpha})}{S\bar{\alpha}} = \frac{4W}{cR}$$

其中：W 为声功率，W；c 为声速，m/s；r 为测点到声源中心的距离，m；$\bar{\alpha}$ 为单元围护结构的平均吸声系数；Q 为声源位置影响系数；S 为面积，m^2。

因此，测点的均方根声压与单元内声功率 W 的关系为

$$\frac{p^2}{\rho_0 c} = W\left(\frac{Q}{4\pi r^2} + \frac{4}{R}\right) \tag{4-32}$$

其中：ρ_0 为空气密度，R 为单元的房间常数。

式（4-32）中的声功率 W 由三部分构成：其一为单元内噪声源发出的声功率；其二为围护结构振动引起的二次辐射噪声声功率；其三为相邻单元通过边界传递到该单元的声功率。因此，单元的能量平衡方程可写作

$$W = W_s + W_r + W_t = W_s + \sum_{i=1}^{n}\left(\iint \frac{p_{ri}^2}{4\rho_0 c}\mathrm{d}S_i\right) + \sum_{i=1}^{n}\left(\iint \frac{p_{ti}^2}{4\rho_0 c}\mathrm{d}S_i\right)$$

$$= W_s + \sum_{i=1}^{n}\left(\iint \frac{\sigma_{rad,i}v_{ri}^2}{4\rho_0 c}\mathrm{d}S_i\right) + \sum_{i=1}^{n}\left[\frac{\iint \dfrac{p_{si}^2}{4\rho_0 c}\mathrm{d}S_i}{10^{0.1TL_i}}\right] \tag{4-33}$$

其中：W_r 为围护结构辐射的声功率之和，W_t 为由相邻单元透射入该单元的声功率之和，p_{ri} 和 p_{ti} 分别为围护结构某一个表面由结构噪声二次辐射引起的均方根声压和由另一侧单元的声能通过该单元引起的表面均方根声压，v_{ri} 为围护结构表面均方根速度，p_{si} 为相邻单元在围护结构另一侧表面引起的总均方根声压，$\sigma_{rad,i}$ 为围护结构表面的辐射效率，TL_i 为围护结构的空气声传递损失，S_i 为围护结构面积，n 为围护结构的表面数。

式（4-33）就是某一个噪声单元的能量平衡方程。由该方程可见，每个舱室的噪声能量都受到与其相邻的多个舱室在其围护结构另一侧引起的声压及围护结构本身的结构振动速度的影响。

4）列出全船空气声能量平衡方程

由于围护结构表面声压的不均匀性,式(4-33)是一个积分方程。为简化工程计算,可将围护结构某表面几何中心的声压作为整个表面平均声压的近似,可将其改写为

$$W = W_s + W_r + W_t = W_s + \sum_{i=1}^{n} \left(\frac{\bar{p}_{ri}^2}{4\rho_0 c} \cdot S_i \right) + \sum_{i=1}^{n} \left(\frac{p_{ti}^2}{4\rho_0 c} \cdot S_i \right)$$

$$= W_s + \sum_{i=1}^{n} \left(\frac{\sigma_{\text{rad},i} \bar{v}_{ri}^2}{4\rho_0 c} S_i \right) + \sum_{i=1}^{n} \left(\frac{\dfrac{\bar{p}_{si}^2}{4\rho_0 c} \mathrm{d}s_i}{10^{0.1TL_i}} \right) \qquad (4-34)$$

其中:$\bar{p}_{ri}$、$\bar{p}_{ti}$、$\bar{p}_{si}$、$\bar{v}_{ri}$ 分别表示对应参数的平均值。

由于噪声单元围护结构表面的声压可以通过式(4-32)与舱室的总噪声功率建立关系,式(4-34)其实是某一噪声单元和与其相邻的声功率间的平衡方程。若全船噪声单元总数为 N,对所有单元都使用式(4-34),就可以得到 N 个独立的能量平衡方程。联立这些方程就可以得到全船能量平衡方程组

$$[\alpha]\{W\} = \{W_{rs}\} \qquad (4-35)$$

其中:$[\alpha]$ 为舱室关系系数矩阵,$\{W\}$ 是各舱室空气声功率列阵,$\{W_{rs}\}$ 是室内噪声源及围护结构振动引起的二次辐射噪声所引起的非其次项。

5）结算与后处理

求解式(4-35)就可以求得空气声功率在全船的分布,然后利用式(4-32)可求得舱室内的空气声声压分布。

4.4 快速预报计算实例

以下以某小型快艇的机舱及上方驾驶室为对象,应用上述快速预报方法对两舱的噪声进行预报。舱室布置简图如图4-4所示,机舱为源舱室,驾驶室为接受舱室。

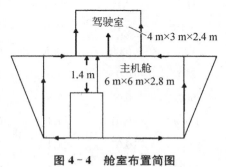

图4-4 舱室布置简图

4.4.1 计算对象描述

舱室及噪声源情况如下:

（1）主机舱。长 6 m，宽 6 m，高 2.8 m，机舱内主柴油机和柴油发电机组各两台。

① 主柴油机的柴油机重 1.8 t，额定功率 323 kW，额定转速 1 500 r/min，实际转速 1 200 r/min，不接罗茨风机，机壳辐射噪声与进气噪声不能分离，安装连接件为双层隔振系统。

② 柴油发电机组的柴油机质量为 1.2 t，额定功率 50 kW，实际功率 40 kW，额定转速和实际转速都是 1 500 r/min，不接罗茨风机，机壳辐射噪声与进气噪声不能分离，安装连接件为低频隔振器。

（2）驾驶室。长 3 m，宽 4 m，高 2.4 m，舱室内无噪声源。

4.4.2　房间常数计算

1）主机舱

机舱尺寸：长×宽×高＝6 m×6 m×2.8 m，表面积：129.2 m^2；$C_H = 0.5$；$C_S = 0.2$（表示除维护结构外，舱内其他吸声表面吸声量的贡献）；$S_H = S \times C_H = 69.6$ m^2；$S_S = S \times C_S = 27.84$ m^2。表 4-4 为主机舱吸声系数。

表 4-4　主机舱吸声系数

f/Hz	边界吸声		非边界吸声			总房间常数
	α_H	$R_B = \alpha_H \times S$	$R_H = \alpha_H \times S_H$	α_S	$R_S = \alpha_S \times S_S$	$R_{so} = R_B + R_H + R_S$
31.5	0.10	13.9	7.0	0.1	2.8	61*
63	0.10	13.9	7.0	0.2	5.6	26.4
125	0.09	12.5	6.3	0.3	7.0	25.8
250	0.05	7.0	3.5	0.4	11.1	21.6
500	0.02	2.8	1.4	0.6	16.7	20.9
1 000	0.01	1.4	0.7	0.7	19.5	21.6
2 000	0.01	1.4	0.7	0.7	19.5	21.6
4 000	0.01	1.4	0.7	0.6	16.7	18.8
8 000	0.01	1.4	0.7	0.5	13.9	16.0

注：* 表示此处计算值为 23.7，但根据相关标准低频房间常数最小值取 61。

2）驾驶室

机舱尺寸：长×宽×高＝3 m×4 m×2.4 m；表面积：57.6 m²。

$$C_H = C_S = 0$$

表4-5为驾驶室吸声系数。

表4-5 驾驶室吸声系数

f/Hz	边 界 吸 声		
	α_H	$R_B = \alpha_H \times S$	$R_{re} = R_B$
31.5	0.10	5.76	61*
63	0.10	5.76	15*
125	0.09	5.18	5.18
250	0.05	2.88	2.88
500	0.02	1.15	1.15
1 000	0.01	0.58	0.58
2 000	0.01	0.58	0.58
4 000	0.01	0.58	0.58
8 000	0.01	0.58	0.58

注：* 表示此处亦取房间常数最小值。

4.4.3 噪声源强度

1）空气声

（1）主柴油机（2台）：

功率 $P = 323$ kW，额定转速为 1 500 r/min，实际转速为 1 200 r/min。

基础级：$L_{WB}^1 = 58.3 + 10\lg(W) = 83.4$

表4-6为主机空气声源强度。

表4-6 主机空气声源强度

f/Hz	ΔL	L_W	L_W^1（2台）
31.5	19	102.4	105.4
63	24	107.4	110.4

f/Hz	ΔL	L_W	L_W^1(2台)
125	26	109.4	112.4
250	24	107.4	110.4
500	26	109.4	112.4
1 000	26	109.4	112.4
2 000	24	107.4	110.4
4 000	20	103.4	106.4
8 000	14	97.4	100.4

（2）柴油发电机组柴油机（2台）：

功率 $P = 50$ kW，额定转速为 1 500 r/min。

基础级：$L_{WB}^2 = 58.3 + 10 \cdot \lg(W) = 75.3$

表 4 - 7 为柴油发电机空气声源强度。

表 4 - 7　柴油发电机组空气声源强度

f/Hz	ΔL	L_W	L_W^2（2台）
31.5	13	88.3	91.3
63	21	96.3	99.3
125	28	103.3	106.3
250	28	103.3	106.3
500	27	102.3	105.3
1 000	29	104.3	107.3
2 000	28	103.3	106.3
4 000	22	97.3	100.3
8 000	15	90.3	93.3

2）结构噪声

（1）主柴油机：

功率 $P = 323$ kW，额定转速为 1 500 r/min，实际转速为 1 200 r/min，质量 $G = 1.8$ t。

基础级：$L_{aB} = 139.8 - 20\lg(G) + 20\lg(W) + 30\lg(N_a/N) = 122$

表 4-8 为主机结构噪声源强度。

表 4-8　主机结构噪声源强度

f/Hz	ΔL	L_a	双层隔振 TL	$L_a - TL$	L_a^1（2 台）
31.5	0	122	20	102	105
63	5	127	25	102	105
125	11	133	30	103	106
250	16	138	35	103	106
500	21	143	40	103	106
1 000	27	149	45	104	107
2 000	29	151	50	101	104
4 000	27	149	50	99	102
8 000	22	144	50	94	97

（2）柴油发电机组柴油机（2 台）：

功率 $P = 50\ \text{kW}$，额定转速为 $1\ 500\ \text{r/min}$，质量 $G = 1.2\ \text{t}$。

基础级：$L_{aB} = 139.8 - 20\lg(G) + 20\lg(W) + 30\lg(N_a/N) = 112$

表 4-9 为柴油发电机组结构噪声源强度。

表 4-9　柴油发电机组结构噪声源强度

f/Hz	ΔL	L_a	单层隔振 TL	$L_a - TL$	L_a^2（2 台）
31.5	0	112	8	104	107
63	5	117	12	105	108
125	11	123	13	110	113
250	16	128	14	114	117
500	21	133	15	118	121
1 000	27	139	18	121	124
2 000	29	141	20	121	124
4 000	27	139	20	119	122
8 000	22	134	20	114	117

4.4.4 主机舱空气声级

主机舱空气声声压级计算如表 4-10 所示：

表 4-10 主机舱空气声声压级计算

f/Hz	L_W^1	L_W^2	总声功率 $L_\text{W}' = L_\text{W}^1 + L_\text{W}^2$	R_so	混响声 L_P^R	直达声 L_P^D	总声压级 $L_\text{P} = L_\text{P}^D + L_\text{P}^R$	A 计权	$L_\text{P}^A = L_\text{P} + A$	噪声限值对比
31.5	105.4	91.3	105.6	61.0	93.71	94.65	97.22	−42	55.22	
63	110.4	99.3	110.7	26.4	102.5	99.81	104.4	−28	76.38	
125	112.4	106.3	113.4	25.8	105.2	102.2	107.1	−18	89.07	
250	110.4	106.3	111.8	21.6	104.5	100.9	106.1	−9	97.07	
500	112.4	105.3	113.2	20.9	106	102.3	107.5	−3	104.5	112.3 dB(A)
1 000	112.4	107.3	113.6	21.6	106.2	102.7	107.8	0	107.8	
2 000	110.4	106.3	111.8	21.6	104.5	100.9	106.1	1.5	107.6	
4 000	106.4	100.3	107.4	18.8	100.6	96.44	102	0.5	102.5	
8 000	100.4	93.3	101.2	16.0	95.13	90.26	96.36	−2	94.36	

4.4.5 驾驶室空气声级

1）空气声路径

表 4-11 为空气声传递路径计算。

表 4-11 空气声传递路径计算

f/Hz	机舱顶面 L_P	甲板 TL	$10\lg(s) - 6$	$L_\text{W}'^4$
31.5	97.22	11	6.041	92.26
63	104.4	18	6.041	92.44
125	107.1	24	6.041	89.14
250	106.1	27	6.041	85.14
500	107.5	32	6.041	81.54

续　表

f/Hz	机舱顶面 L_P	甲板 TL	$10\lg(s)-6$	$L_W'^4$
1 000	107.8	36	6.041	77.84
2 000	106.1	39	6.041	73.14
4 000	102	34	6.041	74.04
8 000	96.36	44	6.041	58.4

2）结构噪声路径

（1）驾驶室纵舱壁结构噪声级。表 4-12 为结构噪声传递路径计算（纵舱壁）。

表 4-12　结构噪声传递路径计算（纵舱壁）

f/Hz	机舱地面 $L_a^0 = L_a^1 + L_a^2$	TL_1	$L_a'^1 = L_a^0 - TL_1$
31.5	109.12	17.9	91.22
63	109.76	17.9	91.86
125	113.8	17.9	95.9
250	117.3	17.9	99.4
500	121.1	17.9	103.2
1 000	124.1	17.9	106.2
2 000	124	17.9	106.1
4 000	122	17.9	104.1
8 000	117	17.9	99.1

（2）驾驶室横舱壁结构噪声级。表 4-13 为结构噪声传递路径计算（横舱壁）。

表 4-13　结构噪声传递路径计算（横舱壁）

f/Hz	机舱地面 $L_a^0 = L_a^1 - L_a^2$	TL_2	$L_a'^2 = L_a^0 + TL_2$
31.5	109.12	19.2	89.92
63	109.76	19.2	90.56

续　表

f/Hz	机舱地面 $L_a^0 = L_a^1 - L_a^2$	TL_2	$L_a'^2 = L_a^0 + TL_2$
125	113.8	19.2	94.6
250	117.3	19.2	98.1
500	121.1	19.2	101.9
1 000	124.1	19.2	104.9
2 000	124	19.2	104.8
4 000	122	19.2	102.8
8 000	117	19.2	97.8

（3）驾驶室地面结构噪声级。表 4 - 14 为结构噪声传递路径计算（地板）。

表 4 - 14　结构噪声传递路径计算（地板）

f/Hz	机舱地面 $L_a^0 = L_a^1 + L_a^2$	TL_3	$L_a'^3 = L_a^0 - TL_3$
31.5	109.12	14.9	94.22
63	109.76	14.9	94.86
125	113.8	14.9	98.9
250	117.3	14.9	102.4
500	121.1	14.9	106.2
1 000	124.1	14.9	109.2
2 000	124	14.9	109.1
4 000	122	14.9	107.1
8 000	117	14.9	102.1

3）舱壁辐射效率（见附录）

单元板尺度：$2\text{ m} \times 0.5\text{ m}$，$A_p = 1\text{ m}^2$。

板厚：4 mm，$f_c = 11\,430/h = 2\,857.5\text{ Hz}$，$\lambda_c = 0.028\,8h = 0.12\text{ m}$，$P\lambda_c/A_p = 0.58$，$\lambda_c^2/A_p = 0.013\,3$。

表 4 - 15 为辐射效率计算。

表 4 - 15 辐射效率计算

f/Hz	f/f_c	L^e	L^c	$* L = L^e \oplus L^c$
31.5	0.011	−24.00	−20.00	−18.54
63	0.022	−22.00	−22.00	−18.99
125	0.044	−20.00	−24.00	−18.54
250	0.087	−18.00	−26.00	−17.36
500	0.175	−16.00	−28.00	−15.73
1 000	0.350	−13.00	−30.00	−12.91
2 000	0.700	−7.00	−80.00	−7.00
4 000	1.400			3.00
8 000	2.800			1.00

注：* 表示 $L = 10 \cdot \lg(\sigma_{rad})$，这里 $L = L^e \oplus L^c$ 为能量和，并非代数和。

$$TF = 10\lg(A_p) + 10\lg(\sigma_{rad}) + 10\lg(n) - 20\lg(f) + 10.3$$

4）驾驶室结构噪声-空气声转换

（1）纵舱壁辐射。表 4 - 16 为纵舱壁二次辐射噪声强度。

表 4 - 16 纵舱壁二次辐射噪声强度

f/Hz	L'^1_a	TF_1	$L'^1_W = L'^1_a + TF_1$
31.5	91.22	−25.38	65.84
63	91.86	−31.85	60.01
125	95.9	−37.35	58.55
250	99.4	−42.19	57.21
500	103.2	−46.58	56.62
1 000	106.2	−49.78	56.42
2 000	106.1	−49.89	56.21
4 000	104.1	−45.91	58.19
8 000	99.1	−53.93	45.17

（2）横舱壁。表4-17为横舱壁二次辐射噪声强度。

表4-17　横舱壁二次辐射噪声强度

f/Hz	L'^2_a	TF_2	$L'^2_W = L'^2_a + TF_2$
31.5	89.92	−26.63	63.29
63	90.56	−33.1	57.46
125	94.6	−38.6	56
250	98.1	−43.44	54.66
500	101.9	−47.83	54.07
1 000	104.9	−51.03	53.87
2 000	104.8	−51.14	53.66
4 000	102.8	−47.16	55.64
8 000	97.8	−55.18	42.62

（3）地板。表4-18为地板二次辐射声强度。

表4-18　地板二次辐射声强度

f/Hz	L'^3_a	TF_3	$L'^3_W = L'^3_a + TF_3$
31.5	94.22	−27.42	66.80
63	94.86	−33.89	60.97
125	98.9	−39.39	59.51
250	102.4	−44.23	58.17
500	106.2	−48.62	57.58
1 000	109.2	−51.82	57.38
2 000	109.1	−51.93	57.17
4 000	107.1	−47.95	59.15
8 000	102.1	−55.97	46.13

4.4.6　驾驶室总空气声级

将上述数据汇总并求和，计算驾驶室声压级，如表4-19所示：

表 4 - 19　驾驶室空气声压级计算

f/Hz	$L_W'^1$	$L_W'^2$	$L_W'^3$	$L_W'^4$	总声功率 $L_W''=\sum_{i=1}^{4}L_W'^i$	R_{re}	总声压级 $L_P''=L_P^{R''}$	A 计权	$L_P^A=L_P''+A$	噪声限值对比
31.5	65.84	63.29	66.80	92.26	92.29	61	80.43	−42	38.43	
63	60.01	57.46	60.97	92.44	92.45	15	86.69	−28	58.69	
125	58.55	56	59.51	89.14	89.15	5.18	88.01	−18	70.01	
250	57.21	54.66	58.17	85.14	85.16	2.88	86.57	−9	77.57	
500	56.62	54.07	57.58	81.54	81.58	1.15	86.97	−3	83.97	90.68 dB(A)
1 000	56.42	53.87	57.38	77.84	77.93	0.58	86.30	0	86.30	
2 000	56.21	53.66	57.17	73.14	73.40	0.58	81.76	1.5	83.26	
4 000	58.19	55.64	59.15	74.04	74.37	0.58	82.73	0.5	83.23	
8 000	45.17	42.62	46.13	58.4	58.98	0.58	67.34	−2	65.34	

4.5* 基于"额度分配"的早期声学设计(选读)

4.5.1 "额度分配"的概念及流程

实践证明,在主要设备确定后再根据校核型计算结果对超标区域采取补救措施,或通过反复调整设备和措施,并经过多次计算以满足限值要求的设计方法,可调环节已然受到了很大的限制,不仅效率低下,而且不利于整体声学优化。相关技术文献指出:从源头开始考虑的声学设计是最有效的噪声控制手段。因此,科学的减振降噪设计,应该从需求出发,在设备和措施选型前就对其提出相应的要求。也就是说在整体选型设计阶段,就要将声学因素计入考量配合设备选型和整体规划,而不是将减振降噪作为选型和规划失误的补救措施。目前来看,基于额度分配结合设计型计算的声学设计是较为科学且便捷的手段。

中国船级社《船舶及产品噪声控制与检测指南》指出:噪声指标分配是考虑噪声的传递与衰减确定各噪声源对目标舱室空气声级的贡献量,并针对影响目标舱室空气声级的主要噪声源及其影响幅度,提出噪声源或减振降噪措施的声学要求。在此基础上又规定了三种分配方法：① 母型船分配法；② 经验公式分配法；③ 数值计算分配法。考虑到通用性与快速性，其中的经验公式分配法对早期声学设计而言最为合适。

关于这种方法，相关指南只给出了基本的计算公式，对分配原则和具体方法并没有做出详细说明。对于船级社而言，考虑到船型的多样性与复杂性，为了不过度约束设计，往往只能给出一些原则性的框架和建议。对设计人员而言，必须在保证基本原则的前提下，针对不同船型进行细节处理。基于声学额度分配的船舶早期声学设计流程如图 4 - 5 所示。

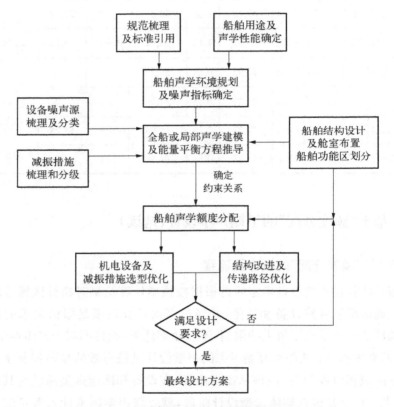

图 4 - 5　基于声学额度分配的船舶早期声学设计流程

具体操作如下：

1）需求分析，明确噪声指标

根据船型及宜居环境要求确定舱室指标，也就是敏感舱室或区域的声压级限制值，并作为噪声额度分配的输入及约束条件。在这个环节，首先要明确声学设计的"等级",对于货船或普通客船,一般可定为"达标级",即以船级社限值作为指标。而对于科考船或豪华邮轮等,可定义为"安静级"或优化级,在规范限值基础上进一步根据需求提高指标。

2)声学单元划分及模型简化

将计算区域划分为不同"声学单元"的组合,并确定单元间的连接关系(如实际舱壁分隔还是虚拟界面分隔等)。通常在设计早期,详细结构和布置可能还没有确定,因此单元划分可以根据结构图纸对全船进行,也可以在对局部区域进行,甚至可以针对某重要舱室连带其相邻舱室单独考虑。

鉴于舱室空气声计算的复杂性,为方便计算乃至后续声学额度分配,还需对模型作出理想化假设并进行相应的简化,包括:

(1)所有设备均正常工作,不考虑机电设备异常工作以及故障的影响。

(2)噪声源梳理,将噪声源强度明显低于主要声源的次要(通常是声功率级低于主声源 10 dB 以上的)声源全部忽略不计。

(3)不考虑噪声源的近场效应,同时忽略设备几何外形的影响,即所有设备均简化为点源。

(4)将空间布置紧靠的噪声源合并成单一等效声源,源强度为各源声功率能量之和。

(5)将舱室各吸声和隔声表面及舱壁进行计权平均,换算成集总参数。

(6)甲板及舱壁的振动用其平均振动速度或加速度表征。

(7)在低频区不存在共振影响,这部分工作可以由前期有限元模态计算及动力设备激励频率干扰分析来保证。高频区振动噪声能量均布在各个模态上。

(8)在早期声学设计中不考虑"漏声"及减振降噪措施失效情况。

3)建立声学单元间的能量平衡关系

对每一个声学单元(主要是舱室或计算区域)建立能量平衡方程,同时考虑室内噪声源、室外通过围护结构传入能量、结构噪声辐射及房间吸声之间的能量平衡,即在平衡条件下单位时间内由室内声源贡献的声能与从邻舱传入的声能之和,应与舱内吸声表面吸收的声功率达到平衡。随后根据声源位置及房间常数,将稳态声功率转化为声压级,同时考虑直达声和混相声的影响。在这个环节,为简化计算,也为明确噪声贡献量,不同噪声源及不同传递路径可以单独考虑,并在转化为声压级时进行"能量求和"(声压平方和),从而得到总贡献。能量平衡方程的建立可以根据能量守恒关系直接建立矩阵方程。例如,对于某特定声学单元有

$$W_{\text{s}} + W_{\text{in}} = W_{\text{a}} + W_{\text{out}} \qquad (4-36)$$

其中：W_{s} 为单位时间内单元内机电设备产生空气声能量；W_{a} 为单位时间内单元围护结构吸收掉的空气声能量；W_{in} 为单位时间内从相邻单元传递入单元的空气声能量之和；W_{out} 为单位时间内从单元传递到相邻单元的空气声能量之和。

参考《船舶及产品噪声控制与检测指南》推荐房间声学计算公式，测点的均方根声压与单元内声功率 W 的关系为

$$\frac{p^2}{\rho c} = \sum_i W_i \left(\frac{Q_i}{4\pi r_i^2} + \frac{4}{R} \right) \qquad (4-37)$$

其中：W_i 为不同源的声功率，W，包括通过围护结构传入舱内的声能；c 为声速约为340 m/s；ρ 为空气密度，kg/m^3；r_i 为测点到声源中心的距离，m；Q 为声源位置影响系数，对于由邻舱传入的混相声而言可设为0。

如此便可获得房间稳态声压与声源强度及舱内声学参数的关系，这个过程类似于校核型计算，但不同的是舱室测点声压是已知的，而声源及吸声系数等是待定的。如此以所提出的舱室声学目标为约束，即可获得声源强度、舱室声学参数及措施效果应满足的约束条件关系式，以隐式不等式的形式给出。

4）通过声学额度分配，对设备及措施提指标

根据上面得到舱室声压对于源强及措施效果的约束条件进行设备和措施的初选型，并在此基础上对源强度和减振量进行分配和调整，使得舱室各测点的声压级满足目标要求。这是一个多参数多目标多约束条件的优化问题，其满足限值的解基本不唯一。因此其关键就是结合工艺和成本等实际问题，根据不同路径的贡献量来确定源强的最大允许值以及措施的最低减噪要求，从而辅助设备选型。简单地讲，所谓声学额度分配就是把对舱室空气声声压级的要求，通过贡献量分配的形式，转化为对设备和减噪措施的指标。这种指标更直观，也更容易进行考核。

鉴于船上设备和减振措施种类繁多量级各异，过多的变量会使得额度分配难以进行。因此在额度分配时可以进行优先级排序，将次要声源或措施先用船级社推荐值或经验公式计算值来代替。在保证主要噪声贡献额度分配的前提下，对次要因素进行微调。也可以先将可调性较弱的设备或措施先行进行声学额度分配，然后再通过调节剩余源强和参数来满足要求。

4.5.2　分级化考量必要性

船舶详细设计初期，除了有母型船结构和参考的情况以外，大部分舱室和设

备情况可能都无法详细确定。这会给基于输入参数计算舱室空气声量级的校核型计算带来一定困难。而将噪声指标作为输入的声学额度分配灵活性更大,在结构和舱室参数未确定的情况下,只需给出某特定舱室空气声贡献量的需求和限制,甚至只是舱室的声学环境所需满足的基本要求。设计人员还可以根据声源的分布来确定舱室风险等级(如对于达标而言到底是低风险、中风险还是高风险),从而对高风险舱室区域重点考量。这相比于反复调整并反复进行校核计算而言显然更高效且更有依据。

在舱室空气声指标分等级考虑的情况下对船舶舱室进行噪声额度分配时,建议对噪声源设备及各类减振降噪措施同样进行等级划分。不同等级的噪声源对应于不同声学额度分配限值,而不同等级的减振降噪措施可以对应解决不同风险等级舱室的达标需求。设计单位可以将常用设备和措施数据进行整理分类,形成数据库,从而在声学设计时方便指导选型,且有利于形成规范和设计指南。这种分级化考量在船舶以外的行业早有应用,例如在轨道交通引起的周边环境振动抑制中,相应的设计规范将减振措施分为普通型扣件(减振量为 3~5 dB),中档减振扣件(减振量为 5~8 dB),高档减振措施(减振量大于 10 dB),根据预报敏感目标超标量分段选用不同级别的措施,不仅可以保证轨道交通振动达标,同时大大节约了成本。

考虑到振动噪声的相对随机性与不确定性,即使同一类型同一厂家生产的产品,其声学指标也会有一定差异。到目前为止,国内对于噪声原强度和减振降噪措施,尚没有明确的分级标准及依据,而各大设计单位执行的准则也不统一。但考虑到早期设计时,在缺乏精确数据的情况下设计人员往往会根据船级社推荐的经验公式进行噪声估算。而经验公式本身就考虑了设备类型乃至运行参数的差异,因此建议将经验公式计算值作为分级标准推荐值,并在此基础上进行调整和分类,分类情况如表 4-20 所示。

表 4-20 噪声源及控制措施分级表

实际源强及减振效果	噪声源设备分级	减振降噪措施分级
低于经验值 5 dB 以上	安静型声源(推荐)	不推荐级措施
低于经验值 3~5 dB	优化型声源	低等效果措施
在经验值±3 dB 范围内	普通型声源	普通级措施
高于经验值 3~5 dB	高噪型声源	中等效果措施
高于经验值 5 dB 以上	吵闹型声源(不推荐)	高档效果措施

按上述分级标准,某型泵源强按 CCS 推荐值计算为 110 dB,若其实测源强为 105 dB,则可判定为安静型声源。在一定分级的基础上,设备选型可以和声学设计结合在一起,根据噪声额度分配结果,在满足要求的级别内选择经济型、维护型等最优的设备和措施。需要指出的是,关于噪声源强度及措施效果的分级,表 4-20 给出的只是一种推荐方案而不是强制标准,各设计单位及设备厂可以根据需求和实际情况自行定级以满足设计要求。

4.5.3　结构噪声贡献量的处理

声学计算及设计中,结构振动考量及其对空气声的贡献量,尤其是对低噪声而言有着重要的影响。在早期设计中,设计人员大多采用基于经验公式的估算方法,计算设备噪声源到目标舱室的衰减量。但这种方法忽略了结构模态的影响,也就是说不考虑共振因素,或默认不存在共振问题。为了保险起见,部分设计人员会要求对强迫振动传递进行结构有限元分析。这种计算看上去似更可靠,但对整船建模来说计算量会非常大,且根据有限元算法本身特点高频误差就不可控,尤其是在高频板格模态密度剧增以后。另一方面,在设计初期部分结构乃至舱室布置尚未完全确定,有限元详细模型也未必能精确建立。因此在早期声学设计中,基于有限元分析的详细强迫振动分析并不是必要的,且大部分情况下也不推荐做,结构噪声贡献量计算依然以经验公式为主。

根据钢制海船结构特点,通常船舶整体模态($1\sim30$ Hz),舱段局部模态和板格的低阶模态($30\sim100$ Hz),而大部分高频模态(>100 Hz)为板格和骨材的高阶模态范围。因此在用经验公式进行估算的同时建议仅进行模态分析,并且保证:

(1) 主机的转速频率及倍频、螺旋桨叶频及其倍频避开船舶整体模态及艉部整体模态。

(2) 主机的缸频(转频乘以气缸数)、主要机电设备的转频(主要在 $30\sim50$ Hz 范围内)避开甲板及舱壁的板格 1 阶及 2 阶模态。

(3) 泵与电机可以避开 100 Hz 以下局部结构模态。

能做到以上三点,共振问题大概率可以避免。在此过程中全船模态或板格模态,建议用船级社推荐公式计算,无须涉及有限元建模。且对于 200 Hz 以上频段的局部高阶模态,根本没有计算的必要,计算误差大,高频区模态密度很高,激励的高阶量引起的高阶共振根本无法避免,这类问题可以通过阻尼层的敷设来解决。

　　船舶早期声学设计是一个系统工程,其目的是尽可能在低成本,简单工艺及维护条件下保证舱室空气声的达标,因此必须兼顾设备选型、结构优化和舾装等各类问题。传统校核型计算往往是在调整和补救中努力使得噪声量级达到限值,不能完全满足声学设计的需求。因此,开展基于额度分配的"逆向"声学设计是非常必要的。目前对于这种设计手段,大部分情况仍停留在概念阶段,有必要通过一系列验证和实船应用将其细化和完善,并逐步形成规范和指导文件,为进一步改善船上声学环境提供支持。

声学测试及信号处理

5.1　声学测试概述

　　鉴于船舶噪声振动问题的复杂性,有时候理论分析和数值计算并不能满足研究的需求,因此也需要通过测试和试验来获得所需要的数据或者进行规律性的研究。声学测试按其测试目的主要可以分为三类:第一类是验证型测试,这类测试主要是为了验证理论模型或数值计算的正确性而进行的,通常都会以简化模型作为测试对象,测试环境也较为理想;第二类是探索型测试,主要是通过实验获取某些理论分析及数值计算不能直接获得的规律和参数,比如减振器等效阻尼的测量,超大变形量条件下刚度具有渐进特性的材料弹性模量随变形量的变化规律等等;第三类是验收型测试,也叫评估型测试,这类测试主要用于工程项目和工业产品的验收,通过测试评估产品或者设计是否达到技术要求规定的具体指标。这类测试往往要求严格按照规范或经过论证的实验大纲而进行,技术人员自由发挥的空间较小,但对操作流程及数据的严密性要求最高。不同类型的测试侧重点不同,测量的手段及对测量环境,乃至测量后对数据处理的要求也各不相同。对于船舶声学设计及现场技术人员而言,绝大部分测试都是验收型的规范测试,故而在测试之前明确测试目的并根据目的选取相应的测试规范是非常重要的。任何监测报告都必须提供测试依据和引用规范,否则测试数据不具备可比较性,测试将是无意义或无效的。

　　许多人认为测试数据比计算结果更准确,这种理解是片面的。理论分析和数值计算的误差主要来自模型和边界条件的简化及参数的选取;而测量虽然未对客观系统进行简化,但由于测试系统的干扰和误差、环境影响以及测量方法选取等因素,同样会造成一定误差。工程上所说的实验结果更可信,主要是指经过长期的积累和修正,测试方法和数据处理流程固化后,通过测试获得的数据具有较高的置信度。但对于很多探索型实验,数据杂乱无章,反而可信度还不如仿真结果。所以计算和测试不存在谁更权威的问题,只是在某种前提下,根据以往经验或者误差分析哪个可信度更高而已。总的来说两者应该是相辅相成、互相验证的,只是在特定环境下,技术人员必须选择一个作为"标尺"。

通过测量获得的数据具有以下特点,这些必须首先明确。

(1)绝大部分测量都是通过采样而进行的,因此通过"电方法"测量所得的数据都是离散的,不可能存在连续信号。采样信号能否复原真实数据取决于采样频率。

(2)所有测试获得的数据都是有限长序列,而且采样时长越大,数据存储量越大,不存在采样时间无限长的情况。

(3)计算模型和参数不变,计算结果一般不会发生变化。但测试系统和测试方法都不变,测试结果也可能不同。也就是说即使条件全部相同,测试结果也未必完全一致。因此所有测试,尤其是验收和评估型测试,仅对当次测试结果负责。

声学测量不仅仅是空气声测量的问题,它同时包括振动、噪声以及应力应变的测量。在常规测量中可直接测量的声学参量及测量传感器如表5-1所示。

表5-1　在常规测量中可直接测量的量及其测量用传感器

直接测量的量	单　位	传　感　器
声压 p	Pa	声级计、传声器
加速度 a	m/s^2	加速度计
动态力 F	N	力传感器
应变 ε	微应变(无量纲)	应变片
振速 v	m/s	速度传感器

考虑到振动与噪声都是动态的概念,以上这些参量均为时间和空间的函数。

5.2　测试系统组成

要进行声学测试首先要构建一套测试系统,简单的测试系统可能就是一套便携式测振仪或者手持式的声级计,复杂的测试系统可能包含各类传感器、放大器、适调器、换能器、示波器以及二次仪表等。

简单地讲,声学信号的测量是把声压、振速、应力等机械信号转化为模拟量电信号,进而适当放大,再通过 A/D 转换模块转化为数字信号,经量化后记录到存储介质中供后续分析处理。而测试系统的构建就是选取不同的元件和设备,相互连接构成"测量通路",以实现上述目标。虽然测试系统种类繁多功能各异,但概括起来关键的功能只有"信号转换"和"数据传输"两点。对应的测试人员需要重点考虑的有三方面因素:信号类型的转化、数据类型的匹配以及接口的匹配。以加速度测量为例,振动信号的转换与数据传输过程如图5-1所示。

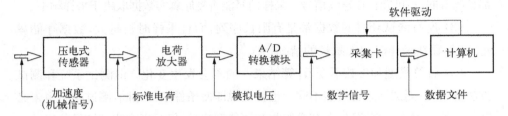

图5-1 振动信号的转换与数据传输过程

由图5-1可见,在设备选型时必须明确输入输出信号类型以及硬件接口,只有上一个设备的输出信号与下一个设备的输入信号类型匹配,且硬件接口对应,测试信号才能正常传递下去。

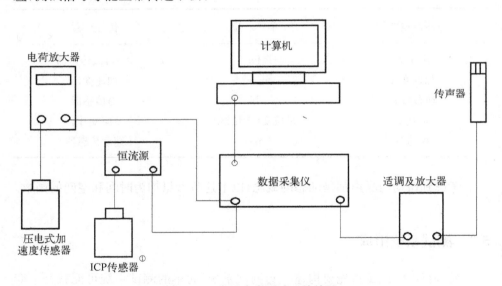

图5-2 常用声学测试系统简图

1) 传感器(换能器)

传感器是整个测试系统的末端,其主要作用是将机械信号转化为电信号,因

---

① ICP 传感器指内置的压电传感器。

此其精度直接影响测试结果的精度。噪声测量中常用的传感器是传声器，也叫麦克风；振动测量中常用的是加速度计。根据工作原理的不同传感器通常可以分为不同的种类，之后会详细介绍。传感器选型时有几点必须注意，其一是传感器输出信号类型，比如是电流信号还是电压信号，是直流信号还是交流信号，是数字信号还是模信号等等，这关系到后续适调器和采集仪的选型；其二是硬件输出接口类型，这涉及传输线的选择；其三是工作环境，这可能影响到传感器的固定方式。比如工作温度在110℃以上的传感器通常是无法通过黏结剂（胶水）进行固定的；部分不防潮的传感器无法在相对湿度高于70%的环境下使用；压力场传声器不适合在消声室内使用等。

2）适调及放大器

在部分情况下，传感器输出的信号非常弱，有的甚至只是电荷信号，不能直接传输至数据采集仪，因此需要连接适调及放大设备将其转化为数据采集分析系统可接收的信号。不同的传感器通常要配合不同的适调或放大器，比如：压电式的加速度传感器输出的是电荷信号，需要通过电荷放大器将其转化为电压信号；电容式的传声器需要配前置放大器，对于部分未极化的传声器还要配以专门的单元以提供传声器所需的极化电压；对于ICP传感器则需要配以恒流源以提供传感器所需的工作电流。需要强调的是，适调单元具有针对性，不同的适调单元配合不同的传感器使用，一般是不能混用的。

3）数据采集仪

经适调和放大单元处理后的数据可以传输至数据采集仪并通过分析系统进行处理分析。但是数据采集仪并非单纯地用于记录数据，随着仪器设备的发展，目前的数据采集仪通常还会带有一些辅助模块，如功率放大模块，A/D转换模块，滤波器模块，甚至在最新的数据采集系统中还包含了ICP传感器供电模块，这就使得测试人员无须再为ICP传感器专门配备供电电源。

在选用数据采集仪的时候，有一些指标参数直接影响到采集仪的工作性能。

（1）输入信号类型，以及信号的幅值范围。

（2）数据采集仪的位数及芯片主频，将直接影响采集速度。

（3）数据采集仪是否包含ICP传感器供电功能。

（4）数据采集仪的通道数及采集方式（连续、瞬态、触发）。

（5）数据采集仪的最高采样频率。

一般情况下，希望选择刚好适用的数据采集仪，既要满足测试要求，又要节约成本。

4）数据分析及显示系统

数据采集仪记录的往往是信号的时间历程,对于噪声和振动而言更关心的是其频谱特性,因此需要数据处理分析单元对信号进行处理。常用的数据分析系统会以分析软件的形式安装在与采集仪相连接的微型计算机上,主要功能包括频谱分析、相关性分析、频响分析等。而经分析系统分析的结果也能直接显示在计算机屏幕上或者保存在计算机的存储器中。

5.3 测试用传感器

5.3.1 振动传感器

振动信号测量中,加速度信号测试技术较为成熟,采用较多的就是加速度传感器,也叫加速度计,它是一种通过测量加速力来获取加速度的电子设备。加速力就是当物体在加速过程中作用在物体上的力,就好比地球引力(也就是重力),加速力可以是常量也可以是变化量。所测得的加速力除以等效质量即为加速度,而速度和位移分别则通过积分和二次积分获得。

加速度计有两种:一种是角加速度计,是由陀螺仪(角速度传感器)改进的;另一种就是线加速度计。加速度传感器按其工作原理可以分为以下几类:

1）压电式

压电式加速度传感器又称压电加速度计,它属于惯性式传感器。压电式加

图 5 - 3
压电式传感器

速度传感器的原理是利用压电陶瓷或石英晶体的压电效应,在加速度计受振时,质量块加在压电元件上的力也随之变化。当被测振动频率远低于加速度计的固有频率时,则力的变化与被测加速度成正比。理论上压电式加速度计输出的是标准电荷信号,后端需要连接电荷放大器,将电荷信号放大为模拟电压信号。随着技术发展,有些传感器直接把放大电路集成在了传感器内,使其直接输出交流电压信号,也叫 ICP 型加速度计。这种传感器省去了电荷放大器,但需要在其与采集卡之间串接一个恒流源提供工作电流。

2）压阻式

基于先进的微机电系统(mioro-electro mechanical system,MEMS)硅微加工技术,压阻式加速度传感器具有体积小、功耗低等特点,易于集成在各种模拟

和数字电路中,广泛应用于汽车碰撞试验、测试仪器、设备振动监测等领域。加速度传感器网为客户提供压阻式加速度传感器/压阻加速度计各品牌的型号、参数、原理、价格、接线图等信息。

3）电容式

电容式加速度传感器是基于电容原理的极距变化型的电容传感器。电容式加速度传感器(电容式加速度计)是比较通用的加速度传感器。在某些领域无可替代,如安全气囊、手机移动设备等。电容式加速度传感器(电容式加速度计)采用了 MEMS 工艺,在大量生产时变得经济,从而保证了较低的成本。

4）伺服式

伺服式加速度传感器是一种闭环测试系统,具有动态性能好、动态范围大和线性度好等特点。其工作原理是:传感器的振动系统由"m-k质量弹簧"系统组成,与一般加速度计相同,质量块上还接着一个电磁线圈,当基座上有加速度输入时,质量块偏离平衡位置,该位移由位移传感器检测得到,经伺服放大器放大后转换为电流输出,该电流流过电磁线圈,在永久磁铁的磁场中产生电磁恢复力,力图使质量块保持在仪表壳体中原来的平衡位置上,所以伺服加速度传感器在闭环状态下工作。反馈作用增强了伺服式加速度传感器的抗干扰的能力,提高了测量精度,扩大了测量范围,伺服加速度测量技术广泛地应用于惯性导航和惯性制导系统中,在高精度的振动测量和标定中也有应用。

在船舶振动测试中,压电式传感器应用较多。选用加速度传感器的时候要注意其技术指标,主要包括:

(1)电压灵敏度。它是指单机械信号激励下的电压输出量,如 $50\ \mathrm{mV}/g$。对于一个传感器来说,理论上灵敏度越高越好,因为越灵敏,就越容易感受到周围环境发生的加速度的变化。加速度变化大,很自然地,输出的电压的变化相应地也变大,这样测量就比较容易方便,而测量出来的数据也会比较精确的。但是当采集卡最高输入电压一定时,采用灵敏度过高的传感器可能导致动态范围减小。

(2)频响范围。它指的是传感器可以测量的有效的频带,或者可以保证线性响应的频率范围。比如以前一个传感器有 100 Hz 带宽的就可以测量振动;一个具有 50 Hz 带宽的传感器就可以有效测量倾角。但随着技术的发展,传感器的频响范围越来越大,低至 0.1 Hz,高的甚至超过 10 kHz。但一般情况下,压电式传感器频响范围高频上限越高的传感器低频下限也越高,且灵敏度越低,这是由压电晶体几何参数决定的。

(3)动态范围。它属于量程方面的技术指标,测量不同事物的运动所需要的量程都是不一样的,要根据实际情况来衡量。其实动态范围通常是和灵敏度相关的一个量,当测试稳态微振动的时候要选用量程较小灵敏度较大的传感器;而测量冲击的时候则一定要选用灵敏度非常小,动态范围非常大的传感器。

(4) 抗冲击性能。抗冲击性能是一个保护性指标,在选用传感器的时候一定要注意。它是传感器所能承受的最大加速度,一旦在测试过程中超过这个极限值,加速度传感器就有可能损坏。

5.3.2 噪声传感器

噪声传感器又称传声器(microphone,MIC),是声-电转化器材,有时也被称为"麦克风""话筒""微音器"等。它是音响系统中最为广泛使用的一种电声器件之一,它的作用是将话音信号转换成电信号,再送往调音台或放大器,最后从扬声器中播放出来。也就是说,传声器在音响系统中是用来拾取声音的,它是整个音响系统的第一个环节,其性能的好坏,对整个音响系统的影响很大。传声器的分类有以下几种:

(1) 电容式传声器。

电容式传声器是一种目前性能相对较好的传声器类别,它的工作核心是电容器。它主要有三种类型:声频式、射频式、驻极体式。电容传声器(见图5-4)靠电容量的变化进行工作,主要由振动膜片、刚性极板、电源和负载电阻等组成。它的工作原理是当膜片受到声波的压力,并随着压力的大小和频率的不同而振动时,膜片极板之间的电容量就会发生变化。与此同时,极板上的电荷随之变化,从而使电路中的电流也相应变化,负载电阻上也就有相应的电压输出,从而完成声电转换。目前电容式传声器也有 ICP 型,接上恒流源直接可以输出电压信号。

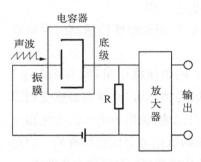

图 5 - 4 电容式传声器示意图

电容式传声器的频率范围宽、灵敏度高、失真小、音质好,但结构复杂、成本高,多用于高质量的广播、录音、扩音中。通常根据使用环境的不同,电容式传声器可分为自由场传声器、扩散场传声器和压力场传声器三类。在消声室测试时应该用自由场传声器,而在混响室测试或舱室空气声测试时可以采用扩散场传声器,而压力场传声器多用于小密闭腔体内声压测量,且传声器尽量和声波传递方向垂直。

（2）动圈传声器。

这是一种常用的传声器,主要由振动膜片、音圈、永磁铁和升压变压器等组成。它的工作原理是当人对着话筒讲话时,膜片随着声音前后颤动,从而带动音圈在磁场中作切割磁力线的运动。根据电磁感应原理,在线圈两端就会产生感应音频电动势,从而完成了声电转换。为了提高传声器的输出感应电动势和阻抗,还需装置一个升压变压器。动圈传声器(见图5-5)结构简单、稳定可靠、使用方便、固有噪声小。早期的动圈式传声器灵敏度较低、频率范围窄,随着制造工艺的成熟,近几年出现

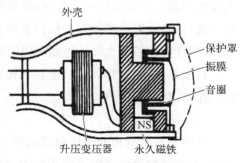

图5-5 动圈传声器示意图

了许多专业动圈传声器,其特性和技术指标都很好,被广泛用于语言广播和扩声系统中。

（3）铝带式传声器。

这是一种利用电磁感应原理制造的传声器,由于它有非常优异的音质,在20世纪60年代前广泛应用在专业领域。它最大的缺点是非常娇嫩,很容易损坏。使用这种传声器时,要特别注意防风措施,当遇到爆破音,如"迫""扑",都有可能造成传声器的损坏,所以它同样不能用于室外的拾音工作。造成这种特点的原因是结构上的,带式传声器用一条薄薄的铝质带代替了动圈式传声器的线圈,当这条铝条在磁场中振动时,它也能感应出电流。这条铝带长几厘米、宽2～4 mm,厚度只有几微米。它的质量很轻,因此感知、传递声波的振动特性的能力强,所以音质很好,同样也容易损坏。铝带式传声器没有振动膜,铝带既是振动膜又是线圈。声波的驱动方式与动圈式不同,是双面驱动式。声波到达铝带双面的路程不同时,由于相位不同,可以造成声压差,依靠这个声压差铝带就产生振动。

（4）驻极体电容传声器。

这种传声器的工作原理和电容传声器相同,所不同的是它采用一种聚四氟乙烯材料作为振动膜片。由于这种材料经特殊电处理后,表面被永久地驻有极化电荷,从而取代了电容传声器的极板,故名为驻极体电容传声器。其特点是体积小、性能优越、使用方便,被广泛地应用在盒式录音机中作为机内传声器。

（5）无线传声器。

无线传声器实际上是一种小型的扩声系统。它由一台微型发射机组成。发

射机又由微型驻极体电容式传声器、调频电路和电源三部分组成,无线传声器采用了调频方式调制信号,调制后的信号经传声器的短天线发射出去,其发射频率的范围按国家规定为 100~120 MHz,每隔 2 MHz 为一个频道,避免互相干扰。无线传声器与接收机应一一对应,配套使用,不得出现差错。接收机是专用调频接收机,但是一般的调频收音机只要使其调谐频率调整在无线传声器发射的频率上,同样能收听到无线传声器发出的声音。

目前在船舶噪声测试中,电容式传声器是选用较多的。选用传声器的时候应当注意以下技术指标:

(1)灵敏度。

传声器灵敏度指的是传声器的声—电转化的能力,与振动传感器的灵敏度类似,表征单位声压激励下输出的电压值,也可以用能量相对值来表示。例如,当 10 Pa 的声压作用于传声器振动膜时,传声器能转化出 1 V 的电压,这样的传声器灵敏度就是 0 dB。这是一个很大的数值,传声器一般是达不到的。普通的传声器灵敏度一般在−70 dB,高一些的有−60 dB,专业用的高灵敏度传声器可以达到−40 dB。高灵敏度的传声器在同样的条件下可以拾得更大的声音,这样就可以减小后级放大器的负担,容易得到高的信噪比。当然,太大的信号输出也要考虑后级设备的承受能力。

(2)指向性。

传声器的指向性是传声器一种重要的特性。传声器的指向性是指传声器的灵敏度随声波入射方向而变化的特性。传声器的指向性主要有三种:① 全向性(无指向),它的指向图形是圆形;② 单向性,它的指向图形是心形或者超心形;③ 双向性,它的指向图形是"8"字形。传声器指向性如图 5-6 所示。全向性传声器对来自四周的声波都有基本相同的灵敏度,单向性传声器的正面灵敏度比背面高。单向性传声器根据指向性特性曲线形状又可分为心形、超心形和超指

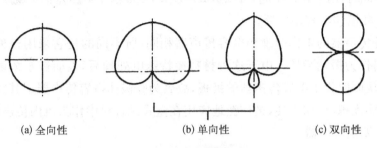

(a) 全向性　　　　　　(b) 单向性　　　　　　(c) 双向性

图 5-6　传声器指向性

向三种；双向性传声器的前后两面灵敏度较高，左右两侧的灵敏度偏低一些。

（3）近距效应。

传声器的近距效应是含有压差式换能方法的传声器所具有的一种特性。当这类传声器在近距离拾音时，它的低频灵敏度会明显提高，距离越近，低频输出就越大。越是低的频率，这种近距的效应就越强。近距效应破坏了传声器良好的频率响应，也就是说经过这种传声器后，原声场中的低频部分会不正常增加。这样，对于心形、8字形的传声器，拾音的距离就不能太近。特别是对于低音乐器的拾音，过强的低频声会形成严重的干扰，破坏对整体拾音的平衡性。

（4）信噪比。

传声器的信噪比指的是传声器在输出时，信号成分和噪声成分的比例。这是传声器的一项重要技术指标，信噪比越高，传声器的质量越好。因为当拾音对象是很微弱的声音时，为了录音、扩音时能够听得清楚，提高放大量是在所难免的，此时高信噪比的传声器就能把更少的噪声带入下一级。高灵敏度的传声器可以减少因为提升放大量后，后级设备的噪声，高灵敏度传声器并不能使输出的信号噪声减少。综合起来就是这样的关系：高信噪比可以减少传声器的噪声输出，而高灵敏度可以减少后级设备因为放大而产生的噪声。

（5）频率响应。

传声器在不同频率的声波作用下的灵敏度是不同的。一般在中音频（如1 kHz）时灵敏度高，而在低音频（如几十赫）或高音频（如十几千赫）时灵敏度降低。以中音频的灵敏度为基准，把灵敏度下降为某一规定值的频率范围叫作传声器的频率特性。表达的方法为绘出频率响应曲线。观察曲线的平滑程度和保持在正负3 dB之内的频率范围。例如，某传声器的频响是55～18 kHz，表明这种传声器在55～18 kHz内输出信号变化是在3 dB以内。

（6）输出阻抗。

和天线系统中所述的一样，传声器或是其他任何设备都有输入、输出阻抗的问题，传声器阻抗与后端放大器的。传声器的输出阻抗分成三类：高阻（10～20 kΩ）、中阻（600 Ω）、低阻（200 Ω），传声器的输出阻抗会影响到它与后级设备连接的阻抗匹配方式。而且，对于传声器而言，高阻的传声器更容易感染噪声，专业用传声器多用低阻方式输出信号。

（7）最大承受声压。

过高的声压会使拾音质量不良，并有可能损坏传声器，因此传声器都有一个"最大可承受声压"的技术指标。一般这个数值为120 dB以上，对于通常的拾音工作都是能够满足要求的。但是对于高声压的拾音(如喷气发动机、汽锤之类)还是要考虑,对于极近距的拾音,尽管声源的声压不是很大,但由于距离太近,也有可能变成很大的声压,这时也要考虑这项指标。

5.4　船舶噪声振动规范测试

5.4.1　规范解读

所谓规范测试就是严格依据某特定规范(或标准)所要求的方法和流程,对特定区域的特定参量进行测量,应用规范允许或要求的方法对数据进行处理和分析,并将结果与规范规定的限值进行比较,从而给出评估结果。通常的结论就是参数是否满足规范要求,但具体工作可能相当烦琐。

根据工程经验,即使对于同一个参量的测量,由于测试系统、测量方法、测试环境,乃至测试人员的操作等差异,往往会导致较大的误差和不确定性。一份好的规范会把这些因素全部考虑进去,针对每一个环节作出详细的规定和要求,以保证测试的可重复性及数据的一致性。因此选择一份合适的规范,并正确解读其具体要求是船舶噪声振动测量的第一步。

规范和标准解读是一种需求分析,就是要明确要做什么以及怎么做。工程师在参考某具体测试规范时必须明确以下几点,才能保证测试的有效性和准确性。

1) 规范是否有效

所有规范都是根据提出时的技术条件和需求来制定的,随着技术的进步和需求的改变,部分规范会废止,还有一些会随技术做相应的更新。所以在引用规范前,不仅要确认规范仍然是有效的,同时还要保证规范的版本是最新的。

2) 规范的适用范围

不同的规范有不同的适用范围,不同场合的测试要求完全是不同的,比如适用于消声室测量的规范不能用于舱室空气声测量,适用于台架试验的规范也不一定适用航行测试。所以必须保证所执行的测试在引用规范所限定的适用范围内。

3) 测试和评估的主要对象

测试的主体,也就是测试对象和主要参量,不仅涉及是哪个物理量的问题,还包括是平均值还是最大值,是稳态值还是瞬态值,是绝对能量还是"级"等问题。同样是交通噪声,有的特性要用连续等效声级来描述,而有的则用 1 s 内最大 A 声级来评估。

4)测试对环境的要求

包括测试场地温度、湿度、空气流速,以及背景噪声等具体要求,在航行测试中还包括海况等要求。还有一些旋转机械的测量,必须在某特定转速以上才能进行。

5)测试对仪器和设备的要求

不同仪器和传感器会对测试结果造成一定影响,大部分测试规范对仪器的精度等级及功能会作出详细的规定。比如《船上噪声等级规则》[MSC.337(91)]规定所采用的声级计应当按 IEC 61672 - 1(2002 - 05)1 类型/级标准(视何者适用),或按照主管机关接受的等效标准制造;又比如 ISO 相关规范规定机械阻抗测量中使用的力传感器必须在特定频带内具有恒定的频响特性。

6)测量方法及操作流程的限定

考虑到测试人员的操作可能引起的误差,绝大部分规范会对测量详细流程作出严格的规定,力求把人为因素的影响降到最低。同时对于参数测量而言,可分为直接测量和间接测量。部分数据可以通过直接测量和间接测量两种方式获得。在无明确规定的前提下应尽量采用直接测量的方法。

7)数据处理的要求

相同信号的时间历程采用不同的分析处理方法,得到的结果可能是不同的。例如检波时间、覆盖率的设定以及滤波方式等对结果的影响都是很大的,这些在后续信号处理章节会详细介绍。只有用统一方法处理得到的数据才具有可比性。

8)评判方法及评判指标

一定要关注结果评判或者标准的方法,尤其是计权网络和模式。有些数据看上去很大,但经过计权后影响可能很小。也并不是说只要数据超过规定限制值就是不合格的,有些规范允许部分点位或者频带的数据略有超标的情况,操作人员要特别注意。

5.4.2　主要测试流程

进行规范测试的主要流程如下:

1)确定引用或参考的规范或标准

测试的第一步是根据测试目的选择对应的参考的测试规范或标准。不同的测试目的对应的规范有所不同。若甲方或试验大纲已明确所引用的规范和标准,直接参照执行即可。若大纲未确定引用标准,则测试人员可根据实际情况选择最适用且优先级最高的标准。通常各类标准的优先级顺序是国家标准、行业标准、地方标准、团体及企业标准。若测试对象尚不存在具有针对性的执行标准,可以借鉴或参考相似度最高的同类型标准执行,但必须在后期报告中作相应说明。例如在地铁对周边振动影响相关测量规范公布之前,部分地铁引起的振动是参考建筑相关振动测量规范执行的。

2)选择设备构建测试系统

参考规范构建测试系统,若规范或标准没有明确规定测试系统的具体组成,则可根据相应测量的量选择相对简单的测试系统进行操作。例如:对于只需测量时均值或等效连续声级而无须频谱数据的测试,直接采用一级精度的便携式声级计即可;但对于有频谱数据要求的测试则必须采用带频谱分析的仪器或者采用多功能信号测试分析系统。此外还有一些仪器选型时需要注意的问题,以舱室空气声测量为例:

(1)参考《船上噪声等级规范》要求,选择 1/2 in(1 in=25.4 mm)全指向性扩散场传声器。

(2)噪声分析频率为 20 Hz~20 kHz,数据采集仪采样频率不低于 50 kHz。

(3)用最大输入电压除以传声器灵敏度,所得最大输入声压不超过测量信号最大值,还要考虑一定裕度。例如数采输入电压最大为 1 V,对于 50 mV/Pa 的传声器最大可测量声压为 20 Pa,相当于 120 dB。若舱室空气声最大超声压级超过这个值,要么换小灵敏度传声器,要么更换输入电压更大的数采卡。

3)按规范流程进行测试

测试设备准备就绪后,首先选择合适的设备并正确连接测试系统。在正式测试前,还需要根据测试的具体目的和工况做一些相应的调整和设置,其中包括:

(1)正确分配传感器的通道及设置传感器的灵敏度。根据测点的数量和位置分配数据采集仪的通道,并对每个传感器的灵敏度进行设置。如果传感器在测试前已完成标定,可根据标定结果设置灵敏度;如果没有标定,则建议使用出厂设置的灵敏度,具体可参考传感器说明书。

(2)设置采样模式。目前多数数据采集仪都有"连续"和"触发"两种采样模式,前者多用于环境振动噪声测量等稳态过程,后者多用于冲击、爆炸等瞬态工况。对于连续采样模式,一旦采集功能启动,仪器会连续记录各通道采集到的信号,直至操作人员中断采样。对于"触发"采样模式,一旦采样启动,系统会处于等待状态,直至触发条件被满足,系统才开始记录数据,并在数据量达到预设长度以后自动停止采集。需要指出的是:触发可以由信号源来实现,也可以由外部振动或噪声信号来实现,比如:某测点的加速度超过一定量值等。同时,通常瞬态过程变化非常快且持续时间非常短,为了能够完整地记录下触发的全过程,操作人员还要根据具体情况设置一定的提前量,以保证记录的结果包含部分触发前的数据。

(3)设置采样频率。实际振动噪声信号的变化都是连续的,而数据采集仪通过离散采样的方式来记录数据,即每隔一个固定的时间间隔记录一次数据状态,然后将这些离散的点连接起来成为时间曲线。这个时间间隔称为采样周期,其倒数就是采样频率。实际信号包含的频率成分一般比较复杂,高频成分可能会很多。如果采样频率不够高,则通过间隔采样复原出来的信号就会发生畸变。但一味提高采样频率不仅会增加数据存储量,同时还有可能降低频域分辨率。因此必须选取适合的采样频率,在满足分析要求的同时尽量节省存储资源。根据香农(Shannon)采样定理,如果要不失真地复原一个信号,其采样频率不应低于该信号最高频率的 2 倍。在实际操作中,通常将采样频率设定在所关心的最高频率的 2.5～3 倍。

(4)设置动态范围。动态范围的设定是测试中非常重要的环节,会直接影响到数据的精确度。动态范围设置过大,会导致输入信号偏小,分辨率不够;动态范围设置过小,在测量时信号可能会超过量程最大值,产生"截波"的效果(如正弦信号变成方波信号)。因此,在测量前应通过计算或经验预估被测量信号的最大值,设置合适的动态范围。工程中希望信号的动态范围控制在满量程的 30%～70%。

(5)进行试采样排除干扰。在正式开始采样之前,建议进行试采样。试采样的目的是检查传感器是否正常工作以及判断系统是否存在干扰。判断传感器是否正常工作的方法很多,最简单且直接的方法如下:首先在没有任何外激励的情况下观察传感器输出的信号是否平稳及存在异常;然后在传感器附近施加一个瞬态的激励(如在加速度传感器附近用工具轻轻敲击,或者在传声器附近拍手),观察输出是否会有相应的瞬态响应,则可判断传感器是否正常工作。其次就是要观察信号中是否存在 50 Hz 工频干扰,这种干扰的特点是输出信号为 50 Hz 正弦波。工频干扰主要是由于测试系统的元器件部分采用交流电部分采用直流电,交直流电由于参考电位不同,且系统本身接地较差而导致 50 Hz 干扰信号串入系统而引起的。解决 50 Hz 工频干扰的方法有两种：其一，测试系统全部直流供电；其二，将测试系统所有用电设备的参考极（机器的金属外壳）用导线连接并统一接地。

所有调试和准备工作完成后，方可依照标准进行测量。部分测试规范要求在测量前后必须对传声器或声级计进行标定。若两次误差在 0.3 dB（或 1 dB）以内，测量有效，否则本次测试无效，需重新标定后再次测量。

4）处理数据，将结果与规范要求进行比对与评估

根据规范要求处理数据，相关处理方法在下节会有详细介绍。然后将结果与规范要求或限制值进行比较，评估测量结果。若规范给出测试报告样本，则参考样本提供测试报告。

5.5　数字信号处理基础

传感器输出的模拟信号经数据采集仪 A/D 转换模块转化为数字信号并进行存储，这样就得到了所测量信号的数字信号序列。数字信号是经过编码的离散量序列，需要通过特定处理方式转化为有用且意义更直观的数据。数字信号处理（digital signal processing，DSP）是以数字运算方法实现信号变换、滤波、检测、估值、调制解调以及快速算法等处理的一门学科，其内容繁杂，对数学要求相对也较高。考虑工程应用的便捷性，这里只介绍部分与声学测量相关且具有一定可操作性的简单内容，包括时域分析、频谱分析及时频分析等。

5.5.1　时域分析

实际的声学信号，无论是声压还是振动加速度或应力应变等，都是随时间连续变化的，在数学上可以用时间的连续函数 $x(t)$ 来表示。采样的过程是用等间隔的单位冲击序列与模拟信号进行计权求和，可以简单理解为根据采样频率 f_s 通过定时"开窗"观测并读取当前瞬时数值后获得的一系列离散的信号数据 $x_i = x(\Delta t \cdot i)$，$(i = 0, 1, 2, \cdots, n)$ 构成的数组（向量）$\{x_i\}_n$，其中 $\Delta t = 1/f_s$ 称为采样间隔或采样分辨率。在数学上定义采样函数 $S_{\Delta t}(t)$ 为狄拉克函数 $\delta(t)$ 等间隔平移后构成的序列，即

$$S_{\Delta t}(t) = \sum_{i=-\infty}^{+\infty} \delta(t - i \cdot \Delta t) \tag{5-1}$$

则模拟信号的采样过程可以表示为

$$\hat{x}(t) = x(t) \cdot S_{\Delta t}(t) = \sum_{i=-\infty}^{+\infty} x(i \cdot \Delta t) \cdot \delta(t - i \cdot \Delta t) \qquad (5-2)$$

其中：$\hat{x}(t)$ 为采样后的时间函数。

对于每一次采样冲激，则

$$x_i = x(i \cdot \Delta t) \cdot \delta(t - i \cdot \Delta t) = \hat{x}(i \cdot \Delta t) \qquad (5-3)$$

也就是说 x_i 为 $i\Delta t$ 时刻采样到的信号的量值。而在特定时间 T 内，这些数据点共同构成一个 $n(n = T/\Delta t)$ 维的向量（数组），这就是信号的时间序列。

噪声与振动信号都是交变的动态信号，从时域分析来讲，任何单独时刻的数据都是没有任何意义的，常用的数据为信号的均方值或均方根值（有效值），即

$$x_{\text{rms}} = \sqrt{\frac{1}{n} \sum_{i=1}^{n}(x_i^2)} \qquad (5-4)$$

对声压而言还有连续等效声压 L_{eq}，以离散声压序列 p_i 表示

$$L_{\text{eq}} = 10\lg\left[\frac{1}{n} \cdot \frac{\sum\limits_{i=1}^{n} p_i^2}{p_0^2}\right] \qquad (5-5)$$

信号的时间序列除了有效值和等效级以外，并不能完全反映信号的特性，技术人员更多的是通过其观察信号自身是否正常，比如瞬态信号是否按指数规律衰减，稳态信号是否存在低频振荡等等。更深入的信号特征提取有赖于其傅立叶变换，即频谱分析。

5.5.2 频谱分析

1）频谱分析概述

根据第 1 章相关内容，连续周期函数的傅立叶级数就是将一个周期函数展开成不同频率分量的正弦函数之和，或者说以简谐函数作为基函数将一个周期函数线性表示出。因此将采样所得信号的时间序列进行傅立变换或傅立叶级数展开就是分析不同频率分量对信号的贡献，简单来说就是确定其"频率组分"。

首先需要回答的一个问题就是：经采样所得的离散信号经傅立叶级数展开后是否还能保持原模拟信号（连续函数）的频谱特性？根据数字信号处理的相关分析所得结论，设 $X(\omega) = X(2\pi f)$ 为模拟信号 $x(t)$ 的傅立叶变换，则

$$\widehat{X}(\omega) = F(\widehat{x}(t)) = F\left(\sum_{i=-\infty}^{+\infty} x(i \cdot \Delta t) \cdot \delta(t - i \cdot \Delta t)\right)$$

$$= \sum_{i=1}^{n} X(i \cdot \Delta\omega) \cdot \delta(\omega - i \cdot \Delta\omega) \tag{5-6}$$

且 $$X_k = X(k \cdot \Delta\omega) \cdot \delta(\omega - k \cdot \Delta\omega) = \widehat{X}(k \cdot \Delta\omega) \tag{5-7}$$

其中：$\Delta\omega = 2\pi/\Delta t$，也叫频率间隔或频域分辨率。由此可见，连续信号经采样后的傅立叶变换即为对连续信号傅立叶变换后的采样，如此便实现了对频谱数据的离散化。

在实际操作中，FFT 和离散傅立叶变换（discrete fouriter transform，DFT）的计算复杂度较高，计算量大，不能满足快速性和实时性的需求，频谱分析更多的是采用快速 FFT，它利用离散傅立叶变换的对称性与周期性，通过画"蝶形图"的方式大大缩减了计算量。由于 FFT 算法对数据点"配对"的需求，通常计算的时域点数要求是 2^m（m 为整数），但实际操作时离散信号点数与需求量多少会有一些差异。例如，当采样频率 $f_s = 1\,000$ Hz 时，1 s 采集的数据点数是 $1\,000$，而 $2^{10} = 1\,024$，这就造成了 24 个点的空缺。常用的解决办法有两种：一是将空缺点全部设为 0，也称为补零；二是复制数据序列前 24 个点补到空缺处，也称周期延拓。

2）实时谱与平均谱

在船舶噪声振动测量时，单独某一时刻的噪声和振动数据是没有任何意义的，而长时间采集后将全部时域数据一起做 FFT 又会因计算量过大而引发一系列问题，既不能保证精度还影响实时性，在工程上完全没有必要。实际的做法是确定一个连续采样时长 T，也叫"检波时间"，采样开始后当连续采样满到达采样时长 T 后，检波时间内的数据被提取出来做 FFT，转化为对应的离散频谱，同时采样继续并重复以上操作直至采样停止。也就是说在连续采样过程中，每隔 T 时间对该时长内的数据作为一个数据块进行一次 FFT，这样做不仅可以控制计算量也能保证频谱分析的实时性，而通过 FFT 获得的频谱反应即为当下时间段内（当前检波时间内）的频域特性，被称为"实时谱"。实时谱随采样过程以 T 为间隔发生变化，在一段较长的时间内，对所有实时谱采取能量平均后得到频谱结果称为该时间段内的"平均谱"，其计算公式为

$$\bar{X}_k = \sqrt{\frac{1}{P}\sum_{j=1}^{P}(X_{k,j})^2} \tag{5-8}$$

其中：$X_{k,j}$ 为第 j 个检波时间内第 k 根谱线值即 $\widehat{X}(k \cdot \Delta\omega)\big|_{(j-1)T<t<jT}$，$\bar{X}_k$ 为

平均谱第 k 根谱线值，P 为参与平均的实时谱数量。

采样频率 f_s 与检波时间 T 分别是频谱分析时重要的限定参数，与之相关的一些重要指标确定如表5-2所示。

表5-2　频谱分析参数表

参　　数	表 达 式	意　　义
采样间隔	$\Delta T = 1/f_s$	两次采样的时间间隔，也叫采样分辨率 $\Delta T = A_t$
块长度	$n = f_s \cdot T$	检波时间内采集到的数据点数，通常会通过补零或周期延拓使其达到 2^m
谱线数	$N = n$	也叫频域点数，等于参与 FFT 的时域数据点数
最高分析频率	$f_A = f_s/2$	复原时不引起能量损失的信号的最大频率，根据香农采样定理，最大为采样频率的一半
频域分辨率	$A_s = f_s/N = \dfrac{1}{T}$	离散谱上谱线的频率间隔，$A_s = \Delta f = \dfrac{\Delta \omega}{2\pi}$

由上述表格可见：

（1）采样频率决定采样分辨率与分析频率，采样频率越高，可以复原的频率分量越高，即分析频率越高。因此对于高频成分的分析须提高采样频率。必要时为保证复原精度采样频率会设置到分析频率的5倍甚至10倍，在工程上称为过采率。

（2）采样频率固定时，检波时间越长，参与实时谱计算的数据块点数越多，相同分析频带内谱线数越多，频域分辨率越高。

（3）检波时间固定时，采样频率越大数据块长度越大，频域谱线数越多，但由于分析频带同时增大，导致频域分辨率不变。也就是说，频域分辨率与采样率无关，只取决于检波时间。

（4）同一段时间信号，按检波时间 T 分为 P 块，对所有数据块的实时谱进行能量平均后得到平均谱，与将整段信号（长度为 $T \cdot P$）直接 FFT 所得频谱比较，两者谱型相似，总能量（即所有谱线平方和）也相同，但谱线数和频域分辨率差了 P 倍。因此，在采样率相同的情况下，检波时间不同的数据块的实时谱或平均谱一般无法进行比较。

检波时间在大部分规范和标准里都有详细规定。比如，在环境振动测量中，稳态振动为1 s，瞬态振动为0.5 s；而对于噪声测量，稳态噪声（慢档）为1 s，瞬态噪声（快档）为1/8 s。噪声测量时，便携式声级计数据有的跳得快有的跳得慢，就是检波时间设置不同造成的,而便携式仪器所显示的数值也并非当下时刻的测量值,而是当前检波时间内的有效值(均方根声压值),这个值可以由均方根计算式(5-4)求得,也可以由实时谱数据能量求和再开方获得,即

$$x_{rms} = \sqrt{\frac{1}{n}\sum_{i=1}^{n}(x_i)^2} \approx \sqrt{\sum_{k=1}^{N}|X_k|^2} \qquad (5-9)$$

其中:$n = f_s \cdot T$,为检波时间内采集的数据点数,$N = n$,为频域谱线数。上式说明从时域或者频域计算检波时间内的测量参量有效值基本是等价的。

3) 窄带谱与倍频带谱

鉴于FFT是基于叶级数或DFT发展起来的一种快速算法,n 个等间隔采样的时间信号经FFT后转化为 N 个频域等间隔的频域数据,且 $n = N$。根据之前的描述,这种离散谱在全频域保持恒定频域分辨率,即 $A_s = f_s/N = \dfrac{1}{T}$,且检波时间越长分辨率越高($A_s$ 越小),因此这类谱被称为"恒定带宽谱",也叫"窄带谱"。窄带谱比较"精细"但数据量较大。噪声测试的采样率在一般在 50 kHz 以上,即使检波时间为 1 s,单块数据FFT后的实时谱保留到分析频率也是一个长度为 20 000 的数组,如此长时间采集不仅对存储的需求比较高,且频谱往往都是密密麻麻的谱线。

主观声学感受研究发现,人耳对声音频率变化的感受并不是线性的,它更符合指数变化规律,即低频区频域分辨率较高且随着频率增大分辨率降低。进一步研究发现,频率按 2^n 的比例进行变化时对于人耳的感受而言却更接近线性变化。例如低频段 100~200 Hz 的变化,中频段 400~800 Hz,以及高频段 2~4 kHz 的变化对人耳的感受而言其变化是相同的。于是规定频率按 2^n 倍数变化的过程为 n 倍频程,当 $n = 1$ 时为 1/1 倍频程,当 $n = 1/3$ 为 1/3 倍频程。当然还有更细致的 1/6 倍频层、1/9 倍频程,甚至 1/12 倍频程,比如乐理中一个半音变化就是一个 1/12 倍频程,一个全音变化就是一个 1/6 倍频程,而一个八度(包含 5 个全音和 2 个半音)正好是一个 1/1 倍频层变化,相当于频率翻倍。

在倍频程的基础上,进一步将整个频域从频到高频分为多个首尾连接的频带,且频带的上下边界 f_1、f_2 以及中心频率 f_0 满足以下关系

$$\frac{f_1}{f_0} = \frac{f_0}{f_2} \quad \text{且} \quad \frac{f_{1,i+1}}{f_{1,i}} = \frac{f_{2,i+1}}{f_{2,i}} = \frac{f_{0,i+1}}{f_{0,i}} = 2^n$$

则称这些频带为 n 倍频带。工程上常用的是 1/1 倍频带和 1/3 倍频带。不难发现,

倍频带的中心频率实质上是其上下限频率的几何平均,且其带宽与中心频率的比值 $\dfrac{\Delta f}{f_0} = \dfrac{f_2 - f_1}{f_0}$ 为一个固定值,对于 1/1 倍频带这个比值为 70%,对于 1/3 倍频带这个比值为 23.3%,因此倍频带也称为"等百分比带宽",同时 3 个 1/3 倍频带正好可以合成一个 1/1 倍频带。常用 1/1 及 1/3 倍频带中心频率及边界频率如表 5-3 所示。表中频带边界值差异主要由几何平均计算时"四舍五入"累积及二进制与十进制微小差异所造成。

表 5-3　常用 1/1 及 1/3 倍频带中心频率及边界频率

1/1 倍频带			1/3 倍频带		
下限频率/Hz	中心频率/Hz	上限频率/Hz	下限频率/Hz	中心频率/Hz	上限频率/Hz
11	16	22	14.1	16	17.8
			17.8	20	22.4
22	31.5	44	22.4	25	28.2
			28.2	31.5	35.5
			35.5	40	44.7
44	63	88	44.7	50	56.2
			56.2	63	70.8
			70.8	80	89.1
88	125	177	89.1	100	112
			112	125	141
			141	160	178
177	250	355	178	200	224
			224	250	282
			282	315	355
355	500	710	355	400	447
			447	500	562
			562	630	708

1/1 倍频带			1/3 倍频带		
下限频率/Hz	中心频率/Hz	上限频率/Hz	下限频率/Hz	中心频率/Hz	上限频率/Hz
			708	800	891
710	1 000	1 420	891	1 000	1 122
			1 122	1 250	1 413
			1 413	1 600	1 778
1 420	2 000	2 840	1 778	2 000	2 239
			2 239	2 500	2 818
			2 818	3 150	3 548
2 840	4 000	5 680	3 548	4 000	4 467
			4 467	5 000	5 623
			5 623	6 300	7 079
5 680	8 000	11 360	7 079	8 000	8 913
			8 913	10 000	11 220
			11 220	12 500	14 130
11 360	16 000	22 720	14 130	16 000	17 780
			17 780	20 000	22 390

将 FFT 所得的窄带谱在各倍频带内通过能量求和（频带内谱线平方和）并开根号获得频带有效值，与该频带中心频率对应组成的向量即为倍频带谱。倍频带谱的每个数据表征的是对应中心频率所覆盖的频带内数据贡献（通常是能量或有效值）的总和，因此严格来讲倍频带谱应该用柱状图或离散点图来表示，相邻中心频率的频带数据不可以通过连线来进行插值。例如，以 63 Hz 为中心频率的 1/1 倍频带数据表示的是从 44～88 Hz 所有频率分量的贡献，而不是 63 Hz 本身。更不可能通过 63 Hz 频带和 125 Hz 频带数据的连线来估算 100 Hz 的值，因为 100 Hz 的贡献已经包含在中心频率为 125 Hz 所覆盖的频带内了。

除了频带能量求和,用时域滤波的方法也可以求得倍频带数据。倍频带滤波是一个相对成熟的技术,许多标准和规范(如 GB/T 3241—2010 等)对 1/1 倍频带及 1/3 倍频带滤波器技指标和参数都做出了详细而又明确的规定,部分还给出了滤波器的频响特性。利用频响特性可求得滤波器的时域曲线,将时间序列与测量信号进行卷积,便可得到滤波后的时间历程,即

$$y_j(t) = \int_0^t x(\tau) g_j(t - \tau) \mathrm{d}\tau = F^{-1}(X(\omega) G_j(\omega)) \qquad (5-10)$$

其中:$y_j(t)$ 为倍频带滤波后的时间信号,$G_j(\omega)$ 为第 j 个倍频带滤波器频响函数,其对应时间信号为 $g_j(t)$,$F^{-1}(\ )$ 为傅立叶反变换。

对于有限离散时间序列,上式变为

$$y_{j,i} = \sum_{k=1}^i x_k \cdot g_{j,i-k} \qquad (5-11)$$

第 j 个倍频带有效值为

$$y_{j,\text{oct}} = \sqrt{\frac{1}{n} \sum_{i=1}^n (y_{j,i}^2)} = \sqrt{\frac{1}{n} \sum_{i=1}^n \left(\sum_{i=1}^n x_i \cdot g_{j,n-i} \right)^2} \qquad (5-12)$$

倍频带声压级为

$$L_{p,j} = 10\lg\left(\frac{p_{j,\text{oct}}}{p_0}\right)^2 = 10\lg\left[\frac{\frac{1}{n} \sum_{i=1}^n \left(\sum_{i=1}^n p_i \cdot g_{j,n-i} \right)^2}{p_0^2}\right] \qquad (5-13)$$

将不同的倍频带滤波函数 $g_j(t)$ 代入上式,求得各中心频率的频带对应有效值(或转化为级),便得到了信号的倍频带谱。

由于倍频带为等百分比带宽,且数据采取了频带求和的方法,使得倍频带谱的频域分辨率在低频区较高,而在高频区远远低于窄带谱。但是这更符合大部分工程频谱分析需求,且可以大大减小数据长度。例如,从 20 Hz~20 KHz,按 1 Hz 频域分辨率来算,一个窄带谱有近 2 万个数据点,而采用 1/3 倍频带谱数据量只有30 个数据点,1/1 倍频带谱更是只有 10 个数据点。窄带谱与倍频带谱的比较如图 5-7 所示,通常在对频域精度没有特殊要求的情况下,尽量采用倍频带谱数据。

5.5.3 时频分析

连续采样分块 FFT 的好处在于可以快速获得当下检波时间内信号的实时

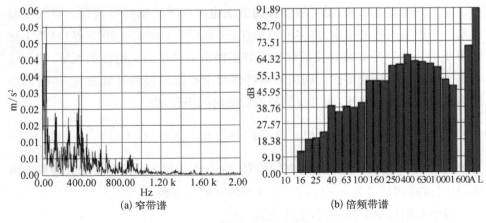

(a) 窄带谱　　　　　　　　　　(b) 倍频带谱

图 5 - 7　窄带谱与倍频带谱的比较

频谱,即当下一段时间内不同频率分量对信号的贡献。但在某些诸如故障诊断或工况变化的测试中,信号频谱的实时性并不是最重要的,技术人员更关心频谱或者信号总能量随时间的变化过程,这就是时频分析。时频分析的目的不仅要明确信号能量主要集中在哪些频率或频段,更希望明确这些频率峰值出现的时间段,这也是获取噪声或最大值的主要方法。

　　噪声和振动的时频分析流程首先是采集并保存某一完整过程中(如地铁列车经过,柴油机启停,旋转机械工况转化等)声压或振动加速度信号的时间历程,通常这段数据长度比较大。然后在回放过程中,选取一定的"检波时间"(分块时长)将整段信号分为若干数据块。再对每块数据进行频谱分析,求得相应的实时谱。这些实时谱可以是窄带谱形式,也可以是倍频带谱形式。最后对每个实时谱进行能量求和,求得各自的有效值或者等效声压,并将这些参数随时间的变化做成数据块有效值或数据块等效声压随时间变化曲线,进而在曲线找出最大值及其对应的时间。所以,绝大部分测量规范中的"最大值",并非信号时间曲线上的瞬时最大点,而是时频分析中能量最大的数据块对应的有效值。这是一段时间内的平均效应,同一组数据,检波时间不同,最大值也不同。

　　由上节内容可见,检波时间越长,频谱的频域分辨率越高。但在同一检波时间内,频谱数据只能提供不同频率分量的贡献,而不能给出峰值出现的具体时刻,这意味着检波时间越长,信号的时域分辨率越低。也就是说,傅立叶变换是不能同时保证时域和频率分辨率都很高的,这是 FFT 算法自身缺陷造成的,因此基于傅立叶变换的频谱分析也叫"单一尺度分辨率分析",即时域精度和频域精度只能保证其中之一。

虽然随着一些"多尺度分辨率分析"算法,如小波分析的发展,时频精度同时保证已经不是什么大问题,但由于 FFT 算法的快速性和简便性,目前 DSP 软件涉及的绝大部分频谱分析仍然是基于 FFT 进行的。为了克服单一尺度分辨率分析的缺陷,技术人员采用了一种"带重叠率的滑动分块"技术,即放弃原有数据块首尾相接的模式,在保持检波时间不变的条件下,使数据块与数据块之间具有一定的重合部分(也叫重叠率),如此便可在保持频域分辨率的情况下把频谱的时间变化分得更细,如图 5-8 所示。

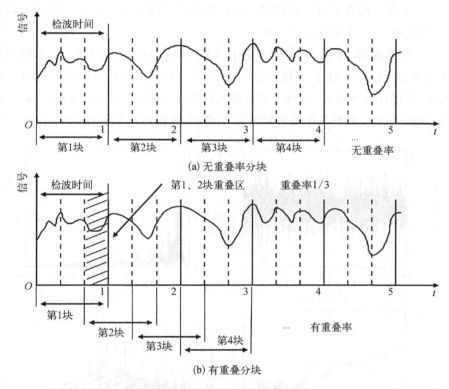

图 5-8   数据分块及重叠率

所谓"重叠率"是指时频分析中前后数据块重合(具有相同数据内容)部分占数据块总长度的百分比。按这一思路,有一段总长 10 s 的数据,以 1 s 为检波时间,在不考虑覆盖率的情况下一共可以分为 10 块数据,每块数据覆盖 1 s 时间;若保持检波时间不变,但设定重叠率为 75%,这时第一块数据为 0~1 s 的采样结果,第二块为 0.25~1.25 s 的采样结果……这样 10 s 的数据可以被分为 37 块,如此频域分辨率没变,而块之间的时间间隔从原来的 1 s 缩小到了 0.25 s,时间分辨率提高到原来的 4 倍。覆盖率的选取在部分规范或标准内有明确规定或者有推荐值,对于未明确规定的情况,一般希望取值不小于 75%,对于精度要求较高的时频分析希望不低于 90%。

举个工程应用的例子:某规范规定"1 s 内测点等效 A 计权声压级最大值不超过 70 dB(A)",测试人员的具体操作如下:

(1)噪声的分析频段是 20~20 kHz,设置采样率为 50 kHz 进行连续采样,考虑到稳态测量,测量总时长不少于 30 s。最后在长时间测量后截取稳定的 30 s 数据。

(2)根据规范要求,检波时间取 1 s。在重叠率没有明确要求的前提下设为 75%,如此将 30 s 数据分为 117 块。

(3)处理数据,对每一个块数据进行 FFT,获得 117 块实时谱。且可听声频率范围是 20 Hz~20 kHz,对数据在 20 Hz~20 kHz 频带内进行滤波,并做 A 计权处理(乘以计权函数)。对每个实时谱进行能量求和,再求得均方根声压,并转化为等效声压级。数据具体关系如图 5-9 所示,数据处理方法如图 5-10 所示。

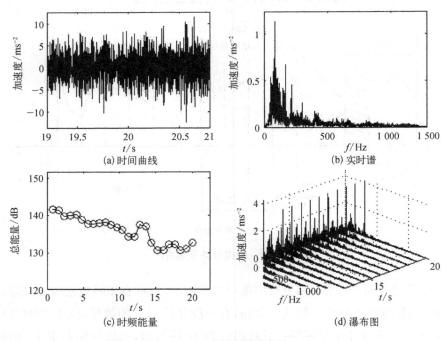

图 5-9　数据具体关系

(4)以数据块起始时间作为该块数据时频标记点,与每块数据的等效声压级对应。作出声压级随时间变化图,找到图中最大的声压,通过比较其是否大于

70 dB 来评估测试是否满足规范要求。

时间序列	长度 n	实时谱数据　N线					实时谱有效值
第1块数据	$\{x_i\}_1$	X_{11}	X_{12}	$\cdots$	X_{1k}	$\cdots$	$X_{1N} \Rightarrow x_{1,\,\mathrm{rms}} = \sqrt{\sum\limits_{k=1}^{N} \mid X_{2k}\mid^2}$
第2块数据	$\{x_i\}_2$	X_{21}	X_{22}	$\cdots$	X_{2k}	$\cdots$	$X_{2N} \Rightarrow x_{2,\,\mathrm{rms}} = \sqrt{\sum\limits_{k=1}^{N} \mid X_{2k}\mid^2}$
$\vdots$	$\vdots$ FFT$\Rightarrow$	$\vdots$	$\vdots$	$\ddots$	$\vdots$	$\vdots$	
第 j 块数据	$\{x_i\}_j$	X_{j1}	X_{j2}	$\cdots$	X_{jk}	$\cdots$	$X_{jN} \Rightarrow x_{j,\,\mathrm{rms}} = \sqrt{\sum\limits_{k=1}^{N} \mid X_{jk}\mid^2}$
		$\vdots$	$\vdots$		$\vdots$	$\vdots$	
第 P 块数据	$\{x_i\}_P$	X_{P1}	X_{P2}	$\cdots$	X_{Pk}	$\cdots$	$X_{PN} \Rightarrow x_{P,\,\mathrm{rms}} = \sqrt{\sum\limits_{k=1}^{N} \mid X_{Pk}\mid^2}$

P 块数据平均谱

$$\overline{X} = \left(\sqrt{\frac{1}{P}\sum_{j=1}^{P} \mid X_{j1}\mid^2} \quad \sqrt{\frac{1}{P}\sum_{j=1}^{P} \mid X_{j2}\mid^2} \cdots \sqrt{\frac{1}{P}\sum_{j=1}^{P} \mid X_{jk}\mid^2} \cdots \sqrt{\frac{1}{P}\sum_{j=1}^{P} \mid X_{jN}\mid^2} \right)$$

图 5－10　数据处理方法

船舶舱室空气声控制与改进

6.1 舱室空气声控制概述

噪声控制是一个系统工程,涉及理论分析、数值计算、试验验证、产品研制及工艺研究等多方面大量的工作。对于船舶噪声抑制而言,就是要尽可能以低成本及尽可能简化的工艺实现舱室空气声量级的最小化。船舶噪声的预报遵循"S-P-R"系统分析方法进行,噪声控制依然可以按这个流程实施,从声源、传递路径和接收点分别来考虑,同时要兼顾空气声和结构噪声两方面的影响。

1) 噪声源控制

权威噪声控制研究报告指出:"对于船舶舱室空气声控制而言,最有效的手段是从源头出发的控制",也就是说尽可能降低噪声源强度,可以实现最好的控制效果。要做到这个通常有两个关键点,其一是动力系统选型设计时,轮机设计人员在保证功率和性能的前提下,选用噪声振动量级尽可能小的机电设备。比如,对主柴油机而言,同样的输出功率,六缸机的振动明显会小于五缸机的;又或者在满足通风需求的条件下,尽量不采用罗茨风机等等。其二,对空气声原强度特别大的设备采用隔声罩,或者对振动加速度级较高的设备加装隔振元件也是源头控制常用的手段。

2) 传递路径控制

所谓噪声的传递路径控制,主要是隔绝空气声和结构振动向目标测点传递的途径,或者增加传递过程中能量的损耗,从而减小其影响。对空气声而言主要手段是隔声,增加传递路径中的隔声舱壁数量或者增加单个舱壁的隔声量都是有效的方法,此外还可以采用"声屏障"等措施进行局部防护。需要注意的是,在保证隔声量的同时,必须尽可能减少"侧漏途径"的影响,比如门窗和舱盖的缝隙,穿舱件和舱壁之间的间隙等都会降低舱壁的等效隔声量。对于结构噪声传递抑制而言,主要是阻波和阻尼。结构波在传递过程中遇到任何阻抗不连续都会发生反射,从而使得透射到下游结构的能量减少,管路的弹性接头就是利用这个原理减少振动传递的。但对于船舶主体结构来说,为保证结构强度及水密性,基本都是通过焊接或铆接的方式刚性连接的,无法采用弹性连接的措施,只能采用阻振质量或者局部刚度调整等手段来实现阻抑结构波传递的目的。船舶声学设计中,避免结构共振是基本要求,在此基础上适当采用敷设阻尼的方法可以有效降低局部结构因刚度缺陷引起的振动速度偏大的影响。需要强调的是,黏性阻尼材料主要在共振区附近才有效,频率越高效果越好,而对于极低频或者非共振区附近,阻尼本身效果有限,更多起作用的是阻尼层的比刚度效应(单位质量刚度),因此在阻尼方案设定时需谨慎。

3)接受点防护

对于无源舱室而言,增大舱室房间常数可以有效降低混响声的影响,在舱室结构不改变的条件下,可通过增加舱壁表面吸声系数来实现,敷设表面吸声材料或者采用微穿孔板也是比较常用的手段。在建造成本允许的前提下,采用浮动地板,甚至将整个舱室都做成浮动结构也不失为一种选择。

以下就一些基本控制措施做详细介绍,并给出减振降噪效果的理论值与经验数据。

6.2　吸声减噪

6.2.1　多孔吸声材料

在无源舱室舱壁表面敷设吸声材料,可以有效提高舱室边界的等效吸声系数,从而降低混响声声压级。材料的吸声系数是频散的,即参数随频率变化,通常平均吸声系数 $\alpha > 0.2$ 的材料方可称为吸声材料。常用的吸声材料是玻璃棉、矿渣棉、泡沫塑料等多孔性材料,它们可以制成吸声板、吸声地毯等产品,也可以利用薄板的空腔共振效应设计有效的吸声结构。

多孔性是目前采用的吸声材料结构的共同特性,声波入射至多孔材料表面,大部分声波通过材料的筋络或纤维之间微小的孔隙传递至材料内部。由于空气分子间的黏滞力、空气与筋络之间的摩擦作用以及孔隙内空气煤质的膨胀和收缩,部分声能转化为热能耗散掉,这就是多孔材料的吸声机理。但好的吸声材料内部孔隙之间必须相互沟通,如果孔洞封闭,则吸声效果大打折扣。

吸声材料的性能主要受以下参数的影响,也是材料选型的主要指标。

1) 材料流阻

材料流阻定义为：$R = \Delta p / u$，即材料层两个表面的静压力差 Δp 与穿过材料厚度方向的气流速度 u 之比，流阻的单位为 kg/m²s（Rayl.或瑞利），而单位厚度的流阻称为比流阻，记做 r。吸声材料的比流阻一般在 $10 \sim 10^5$ Rayl/cm。当材料达到一定厚度后，比流阻越小，吸声系数越大；当材料厚度不大时，r 在 10^3 Rayl/cm 数量级，吸声系数达到最佳值，r 大于 10^4 Rayl/cm 或小于 10 Rayl/cm 时吸声系数都比较低。

2) 孔隙率

多孔材料中的孔隙体积 V_0 与总体积 V 的比值称为孔隙率 P。对于所有孔隙都相互连通的材料，孔隙率可以根据密度估算为

$$P = 1 - \frac{\rho_0}{\rho} \tag{6-1}$$

其中：ρ_0 为吸声材料整体密度，ρ 为制造吸声材料物质的密度。一般多孔材料的孔隙率都在 70% 以上。

3) 结构因子

在吸声机理研究中，理论模型假定材料中的孔隙是沿厚度方向平行排列的，而实际结构的孔隙排列方式却极为复杂。结构因子是为了修正理论假设而引入的系数，表示材料中孔隙的形状及分布不规则情况。对于纤维状材料，结构因子与孔隙率之间有一定联系。玻璃棉的结构因子一般为 2～4，聚氨酯泡沫塑料为 2～8，毛毡为 5～10，微孔吸声砖为 16～20。

4) 材料容重

多孔吸声材料容重增加时材料内部孔隙率相应降低，结果是低频吸声系数得以提高，高频吸声系数有所降低。但当容重过大时，总的吸声效果又会明显降低，因此各种材料的容重有一个最佳范围。通常玻璃棉为 15～25 kg/m³，矿渣棉为 120～130 kg/m³。

5) 材料厚度

材料厚度增加，吸声系数曲线将向低频移动。大致上材料厚度每增加一倍，吸声系数曲线峰值将向低频方向移动一个倍频程。试验结果表明，材料容重一定时厚度与频率的乘积决定吸声系数的大小，同时还存在一个吸声的共振峰值。例如，容重为 15 kg/m³ 的玻璃棉，共振峰值出现在 $f \cdot d = 5$ kHz·cm 处，峰值吸声系数可高达 0.9 以上。频率较吸声共振频率低时吸声系数逐渐减小，当吸声

系数减小到共振峰值一半时的频率称为下限频率。吸声共振频率到下限频率的频带宽度称为下半频带宽度 Ω。

6) 材料背后空气层影响

在多孔吸声材料与坚硬(刚性)壁面之间留有空气层会提高吸声效果,当空气层厚度等于 1/4 波长的奇数倍时,由于刚性壁面质点振速为零,多孔材料边界处恰处于该频率下声波质点振速峰值位置,可获得最大吸声系数。而当空气层厚度等于 1/2 波长的整数倍时,吸声系数最小。工程上,为了使普通噪声中主要频率成分得到最大吸收,一般推荐在多孔材料与刚性壁面之间留 70～150 mm 空气层。

7) 护面层

为了保护吸声板材,吸声层表面通常带有护面,如塑料窗纱、金属网以及穿孔板等。当穿孔率 $P > 20\%$ 时,护面层对吸声材料性能影响可以忽略不计。

8) 温度和湿度

超细玻璃棉和矿渣棉允许使用的温度范围很大,从工作条件来讲一般没有问题。温度上升,吸声曲线向高频移动,低频性能将有所下降。湿度对材料影响很大,多孔材料吸湿后孔隙率降低,高频部分吸声系数下降,随着含水量增加,其影响逐渐向低频扩展。

9) 阻燃性与耐火性能

船用材料通常都有防火要求,因此在选择吸声材料时还要兼顾阻燃和耐火性的要求。很多陆用材料虽然吸声系数很高,但由于阻燃性不满足要求,也不推荐使用。

6.2.2　材料吸声系数的获取

吸声材料的等效吸声系数是船舶舱室空气声计算的重要输入参数,但一般无法直接计算求得,只能通过试验获取吸声特性曲线。通常材料吸声系数的测量可以在混响室内进行,也可以通过驻波管测得。

1) 混响室测量

混响室是一种特殊的声学试验设施,它是维护结构吸声系数均很小的封闭空间,其中可能还悬挂有各种刚性反射板,使得房间内声场更均匀。混响室最大特点就是吸声系数小,混响时间长,当声源停止发声后室内声场近似为扩散场。

利用混响室测量材料的吸声系数可以参考相应的 ISO 标准等进行,也可以简单地通过测量混响时间的变化来实现。假设混响室的体积和表面积分别为 V

和 S，首先测量房间原始混响时间 $T_{60,1}$，并利用式（3-52）或式（3-53）可以求得混响室初始吸声系数 α_1。随后将待测吸声板材敷设到混响室内表面上特定的测试区域，敷设面积 S_1 通常为 $10\sim12\ \mathrm{m}^2$。再次测得敷设材料后的混响时间 $T_{60,2}$，并折算成等效吸声系数 α_2，它是原本的墙面和敷设材料共同的贡献，即

$$\alpha_2 = \frac{S_1\bar{\alpha} + (S - S_1)\alpha_1}{S} \tag{6-2}$$

因此所敷设材料的等效吸声系数 $\bar{\alpha}$ 可以表示为

$$\bar{\alpha} = \frac{S\alpha_2 - (S - S_1)\alpha_1}{S_1} = \frac{S(\alpha_2 - \alpha_1) + S_1\alpha_1}{S_1} \tag{6-3}$$

2）驻波管测试

在无法提供大型混响室测试的条件下，也可以利用驻波管对吸声材料小样进行吸声系数测量。驻波管可以看作是一种声波导，通常是一根管壁刚性足够大的空心圆管，管子的一端是由信号源驱动的扬声器，另一端是刚性壁面。测试时信号发生器经过公放驱动扬声器，向另端发出平面波，吸声材料则敷设在刚性壁面上，具有一定厚度。当平面波入射到吸声材料表面后，一部分被材料所吸收，剩下的会反射回去。在管子内不同位置放置两个传声器，分别记录这两个点声压的变化，便可将驻波管内沿不同方向传递的入射波和反射波区分出来，从而计算相应的吸声系数。

驻波管测试原理图如图 6-1 所示，沿管子方向建立广义坐标，定义吸声材料表面为坐标原点 O，两个传声器的位置分别为 x_1、x_2（按图 6-1 坐标系 x_1x_2 数值为负）。根据第 2 章一维声波动方程的通解，正弦激励下驻波管内的声压分布可以表示为

$$p(x, t) = (p^+ \mathrm{e}^{-\mathrm{j}kx} + p^- \mathrm{e}^{\mathrm{j}kx}) \cdot \mathrm{e}^{\mathrm{j}\omega t} \tag{6-4}$$

其中：p^+ 和 p^- 分别是沿 x 轴正方向和负方向传递的声波的复幅值（带相位）。

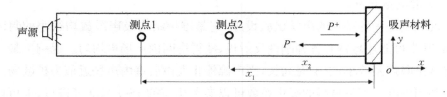

图 6-1 驻波管测试原理图

若两个传声器在 x_1 和 x_2 处测得的声压分别为 $p_1\mathrm{e}^{\mathrm{j}\omega t}$ 以及 $p_2\mathrm{e}^{\mathrm{j}\omega t}$，代入式(6-4)得

$$\begin{cases} p_1 = p^+ \, \mathrm{e}^{\mathrm{j}kx_1} + p^- \, \mathrm{e}^{-\mathrm{j}kx_1} \\ p_2 = p^+ \, \mathrm{e}^{\mathrm{j}kx_2} + p^- \, \mathrm{e}^{-\mathrm{j}kx_2} \end{cases} \tag{6-5}$$

写成矩阵形式为

$$\begin{bmatrix} \mathrm{e}^{-\mathrm{j}kx_1} & \mathrm{e}^{\mathrm{j}kx_1} \\ \mathrm{e}^{-\mathrm{j}kx_2} & \mathrm{e}^{\mathrm{j}kx_2} \end{bmatrix} \begin{Bmatrix} p^+ \\ p^- \end{Bmatrix} = \begin{Bmatrix} p_1 \\ p_2 \end{Bmatrix} \tag{6-6}$$

上式是一个二元线性方程，求解后可得 p^+ 和 p^- 的值，则吸声系数可表示为

$$\alpha = 1 - |\tilde{r}|^2 = 1 - \left| \frac{p^-}{p^+} \right|^2 \tag{6-7}$$

　　需要指出的是：混响室和驻波管都可以对材料的吸声系数进行测量，但混响室测得的是大面积吸声材料在无规入射下的吸声系数，而驻波管测得的是小面积样本在稳态平面波法向入射下的吸声系数，因此驻波管测得的吸声系数一般要小于混响室测量结果。在船舶舱室空气声计算中，推荐优先使用混响室测试结果。在无法进行混响室测量的情况下，可将驻波管测试结果按表3-2修正后使用。

6.2.3　穿孔板与微穿孔板吸声

1）穿孔板吸声结构

穿孔板结构是指在钢板、铝板或胶合板之类的薄板上穿以一定的孔，并在其后设置一定厚度的空腔，理论上可以看作多个亥姆霍兹共鸣腔的并联。根据第3章共振腔模型理论，声学共振频率 f_r 近似为

$$f_r = \frac{c}{2\pi} \sqrt{\frac{P}{D \cdot l_k}} \tag{6-8}$$

其中：c 为声速，m/s；P 为穿孔率；D 为穿孔板背后空气层的厚度，m；l_k 为空沿板厚度方向的有效长度，m。当孔径 d 大于板厚 t 时，$l_k = t + 0.8d$；当空腔内壁也贴敷多孔材料时，$l_k = t + 1.2d$。穿孔率根据孔的排列方式、孔径 d，以及孔心距 B 计算。

　　空腔共振时，穿孔板吸声系数为

$$\alpha = \frac{4\gamma_A}{(1+r_A)^2} \tag{6-9}$$

其中：$\gamma_A = \frac{r}{\rho_0 c} \cdot \frac{l_k}{P}$ 为相对声阻抗，即声阻抗率与空气特征阻抗率 $\rho_0 c$ 之比，r 穿孔板比流阻（Rayl/cm）。吸声系数高于 0.5 的频带宽度为

$$\Delta f = 4\pi \frac{f_r}{\lambda_r} D \tag{6-10}$$

其中：λ_r 为与 f_r 对应的波长，m。将多孔吸声材料填充入共振腔，能在一定程度上拓宽吸声频带，且材料位置贴近穿孔板背面更佳。

2）微穿孔板吸声结构

在厚度小于 1 mm 的薄板上每平方米钻上万个孔径小于 1 mm 的微孔，穿孔率在 1%～5% 的范围内，并固定在刚性壁面上，留有一定空隙，就形成了微穿孔吸声结构，这是一种升级版的穿孔板结构。它利用空气在小孔中的往复摩擦进一步消耗声能，而用空腔来控制吸声系数峰值处的共振频率。由于孔径小，流阻增大，吸声系数及吸声带宽均优于一般穿孔板吸声结构。根据理论研究，微穿孔板吸声结构的相对声阻抗（声阻抗率与空气特性阻抗率 $\rho_0 c$ 之比）为

$$\bar{Z} = \gamma + j\omega m - j\mathrm{ctan}\frac{\omega D}{c} \tag{6-11}$$

其中：γ 为相对声阻，m 为相对质量，D 为空腔深度，c 为空气声速。设板厚为 t，孔径为 d，穿孔率为 P，则 $\gamma \propto t/(d^2 P)$，$m \propto t/P$。

γ/m 越大，吸声频带越宽。由于微穿孔板孔径很小，穿孔率也很小，所以相对声阻比普通穿孔板大得多，而相对声质量很小，因此 γ/m 比值很大，吸声频带很宽。这是微穿孔吸声结构最大的特点。孔径越小，越适合宽带吸声，但孔径过小不仅加工困难，而且容易堵塞。工程上，吸收中高频声板后的空腔深度一般为 50～120 mm。为了提高性能常常采用串联式双层微穿孔板结构，这种结构共振频率比单层对的要低，可实现宽频带高吸收。微穿孔板结构特别适用于高温、潮湿、冲击，以及具有腐蚀的环境，如果采用有机玻璃制造，还具有透光的特点。

6.3 隔声原理

当噪声入射到舱壁或舱门等隔板结构表面时，一部分声能被反射，一部分被

吸收,剩下的会透过隔板传递至邻舱。隔板的声透射损失(也称隔声量)定义为

$$TL = 10\lg\left(\frac{I_t}{I_i}\right) = 10\lg\left(\frac{1}{\tau}\right) \tag{6-12}$$

其中:I_i 和 I_t 分别为入射和透射声强,τ 为透射效率。

隔声量的测量一般在专用的一对混响室(分别为发生室和接收室)内进行,隔板试件被安装在两室之间,隔墙很厚以至于除试件以外,其他路径的传声可以忽略不计。同时测量发声室和接受室的平均声压级 L_{p1}、L_{p2},隔声量可按下式计算

$$TL = L_{p1} - L_{p2} + 10\lg\frac{S}{A} \tag{6-13}$$

其中:S 为试件面积,A 为接收室吸声量。

6.3.1　单层均质薄板的隔声量

假定有一块充分大的均质薄板,其单位面积法向阻抗为 Z_M,一束平面波斜入射到其表面,这是一个空间二维声场问题。声波动方程为

$$\frac{\partial^2 p}{\partial x^2} + \frac{\partial^2 p}{\partial y^2} = \frac{1}{c^2}\frac{\partial^2 p}{\partial t^2} \tag{6-14}$$

设 p_i、p_r、p_t 分别为入射波、反射波和透射波的声压,以隔板法向为 x 向,沿隔板方向为 y 向,原点在隔板上,则满足式(6-14)的声压解可以表示为

$$\begin{cases} p_i(x,\ y,\ t) = A_1 e^{j(\omega t - k_x \cdot x + k_y \cdot y)} \\ p_r(x,\ y,\ t) = B_1 e^{j(\omega t + k_x \cdot x + k_y \cdot y)} \\ p_t(x,\ y,\ t) = A_2 e^{j(\omega t - k_x \cdot x + k_y \cdot y)} \end{cases} \tag{6-15}$$

其中:k_x、k_y 分别为 x 向和 y 向的波数,且 $k_x^2 + k_y^2 = k^2$。

由于隔板为薄板,其振动速度沿板厚方向基本一致,隔板两边边界条件为

1) 连续性条件

隔板两边法向空气质点振速相等,且等于板的法向振动速度,即

$$\frac{p_i}{\rho_0 c}\cos\theta - \frac{p_r}{\rho_0 c}\cos\theta = \frac{p_t}{\rho_0 c}\cos\theta = V_M \tag{6-16}$$

其中:θ 为入射角,V_M 为板的法向振动速度。

2) 力平衡条件

作用在板两端的总压力等于单位面积板阻抗与速度的乘积，即

$$p_i + p_r - p_t = V_M \cdot Z_M \tag{6-17}$$

其中：Z_M 为隔板单位面积的阻抗。根据离散动力学近似的有

$$Z_M = \frac{1}{S}\left(j\omega M' + R + \frac{K}{j\omega}\right) \tag{6-18}$$

其中：S 为薄板面积，M'、R、K 分别为等效质量、阻尼和刚度。当板做整体运动或频率充分大时 $Z_M = j\omega \dfrac{M'}{S} = j\omega M$，$M$ 为隔板面密度。

将声压表达式(6-15)代入边界条件式(6-17)及式(6-18)，且在壁面处 $x = 0$，得

$$B_1 = A_1 - A_2 \tag{6-19}$$

$$B_1 + A_1 - A_2 = A_2 \frac{Z_M}{\rho_0 c}\cos\theta \tag{6-20}$$

两式相减，消去 B_1 得 $\dfrac{A_1}{A_2} = 1 + \dfrac{Z_M}{2\rho_0 c}\cos\theta$，故入射波与透射波的声强比为

$$\frac{I_i}{I_t} = \frac{1}{\tau} = \left|\frac{A_1}{A_2}\right|^2 = \left|1 + \frac{Z_M}{2\rho_0 c}\cos\theta\right|^2 \tag{6-21}$$

在只考虑质量阻抗的条件下，隔声量为

$$TL = 10\lg\left|\frac{A_1}{A_2}\right|^2 = 10\lg\left(1 + \left(\frac{j\omega M}{2\rho_0 c}\cos\theta\right)^2\right) = 10\lg\left(1 + \frac{\omega^2 M^2}{4\rho_0^2 c^2}\cos^2\theta\right) \tag{6-22}$$

由于固体阻抗比空气特征阻抗率大得多，即 $\omega M \gg \rho_0 c$，有

$$TL = 10\lg\left(\frac{\omega^2 M^2}{4\rho_0^2 c^2}\cos^2\theta\right) = 20\lg\left(\frac{\omega M}{2\rho_0 c}\cos\theta\right) \tag{6-23}$$

当声波垂直入射时，$\theta = 0$，$\cos\theta = 1$，此时有

$$TL = 20\lg M + 20\lg f - 42.5 \tag{6-24}$$

即为隔声理论中著名的"质量定律"，即频率一定时，板的面密度提高一倍，

隔声量增大 6 dB;板面密度不变时,频率提高一个倍频程,隔声量也增大6 dB。考虑到实际情况多数为无规入射,平均隔声量按入射角积分计算的 TL 比单纯法向入射要低 5 dB 左右,因此工程上实际隔声量为

$$TL = 20\lg M + 20\lg f - 48 \qquad (6-25)$$

3）吻合效应

上述隔声量公式推导过程中忽略了板的刚度和阻尼,将薄板作为整体质量起作用。实际情况下,声波的入射会引起板的弯曲振动,从而在板内产生弯曲波。对于某特定频率,当声波沿 θ 角入射时,若板中弯曲波长 λ_B 正好等于空气中声波波长 λ 在板长方向上投影的时候,板振动与空气振动达到高度耦合,声波会极其容易透过,形成透射损失曲线上的低谷,这个现象称为"吻合效应"。由图 6-2 可见,吻合效应产生的条件为: $\lambda / \sin\theta = \lambda_B$ 或者 $\sin\theta = \dfrac{\lambda}{\lambda_B} = \dfrac{c}{v_B}$,其中 v_B 为弯曲波相速度。由此可见发生吻合现象时每一个频率 f 或波长 λ 对应一定的入射角 θ,当 $\theta = 90°$ 时 $\lambda = \lambda_B$,可得到最低吻合频率,也称为临界频率

$$f_c = \frac{c^2}{1.8h} \sqrt{\frac{\rho_m}{E}} \qquad (6-26)$$

其中: h 为板厚度,m; ρ_m 为隔板密度,kg/m³; E 为杨氏弹性模量,Pa。由于 $\sin\theta \leqslant 1$,因此只有当 $f > f_c$ 时才可能发生吻合现象,且受板材料的影响较大,比如普通胶合板的 f_c 在 3 000 Hz 左右,而玻璃板的 f_c 只有 1 300 Hz。

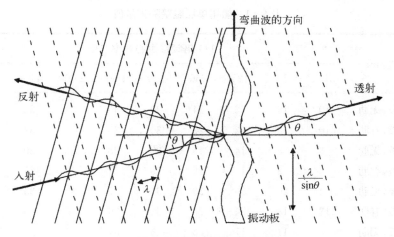

图 6-2 隔声原理图

单墙透射损失特性曲线如图 6-3 所示。整个频域大致分为三段：低频段 TL 主要由板的刚度控制，也叫"刚度控制区"，在声波的激励下隔板等效于一个活塞，刚性越大，频率越低，隔声量越高。随着频率上升，曲线进入由隔板各阶简谐振动模态绝对顶的共振频段。共振段以上为"质量控制区"，符合质量定律。频率继续增大，当超过临界频率 f_c 后，曲线进入"吻合控制区"，TL 主要由吻合效应控制。隔板阻尼大小主要对板的共振段及吻合区产生影响。

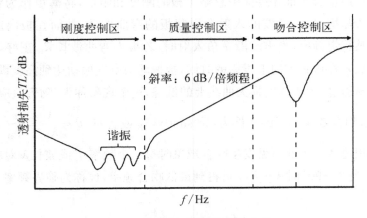

图 6-3　单墙透射损失特性曲线

表 6-1 和表 6-2 列出了船用单层隔板的实测隔声量推荐值和周边密封的单层玻璃结构隔声量，以 1/1 倍频带数据形式给出，可供在舱室空气声预报计算中使用。

表 6-1　船用单层舱壁隔声量值

板厚度/mm	1/1 倍频带中心频率/Hz								
	31.5	63	125	250	500	1 000	2 000	4 000	8 000
3.2 钢板,无肋	10	16	22	24	30	35	40	33	41
3.2 钢板,有肋	10	16	22	22	30	35	40	32	41
3.2 铝板,无肋	3	8	14	19	23	28	34	29	32
3.2 铝板,有肋	3	8	14	19	23	27	33	27	32
4.8 钢板,无肋	14	20	26	29	34	37	39	35	47
4.8 钢板,有肋	12	18	24	28	33	36	37	35	47
4.8 铝板,无肋	5	11	17	23	26	31	33	28	37

板厚度/mm	1/1 倍频带中心频率/Hz								
	31.5	63	125	250	500	1 000	2 000	4 000	8 000
4.8 铝板,有肋	3	9	16	22	25	30	32	28	37
6.35 钢板,无肋	16	22	26	31	36	40	37	42	51
6.35 钢板,有肋	10	18	25	30	35	38	34	42	51
6.35 铝板,无肋	7	13	19	25	28	24	30	32	42
6.35 铝板,有肋	3	9	17	23	27	31	28	32	42
10 钢板,无肋	20	26	30	34	40	41	36	47	56
10 钢板,有肋	18	24	26	32	36	39	36	47	56
10 铝板,无肋	10	17	22	26	32	33	28	38	47
10 铝板,有肋	10	15	20	24	29	30	28	38	47
13 钢板,无肋	22	28	30	36	40	37	41	51	60
13 钢板,有肋	20	27	28	34	39	35	41	51	60

表 6 - 2　周边密封的单层玻璃结构隔声量

种　类	厚度/mm	面积/m²	1/1 倍频带中心频率/Hz								
			31.5	63	125	250	500	1 000	2 000	4 000	8 000
丙烯酸酯玻璃	6.4	0.74	2	8	14	19	25	31	34	30	34
平板玻璃	6.4	0.74	2	10	18	24	28	31	26	32	43
层压安全玻璃	6.4	0.74	6	12	18	25	29	33	34	38	44
平板玻璃	12.7	0.74	6	15	24	28	31	26	32	43	49
层压安全玻璃	12.7	0.74	9	18	25	29	33	34	38	44	50

6.3.2　双层板及组合结构的隔声量

根据质量定律,如果把两层隔板叠在一起隔声量 TL 只能提高 6 dB,但如果在双层隔板中间留有一定空气层并敷设吸声材料,由于空气层和吸声材料的缓冲和吸声作用,可以突破质量定律的限值,使得隔声量进一步提高。双层隔板的吸声量按下式计算

$$TL = 10\lg\left(\frac{(M_1 + M_2)\pi f^2}{\rho_0 c}\right)^2 + \Delta TL \qquad (6-27)$$

其中：M_1、M_2 分别为两层板的面密度，kg/m^2；ΔTL 为空气层附加吸声量，dB，其量值随空气层厚度增大而增加，但一般以 10 cm 为极限，超过这个厚度 ΔTL 趋于平坦。空气层厚度一般取 5~10 cm，对应 $\Delta TL \approx 8 \sim 10$ dB。采用双层隔板应注意其隔板边缘与船体结构尽量采用弹性连接（采用嵌入毛毡或者软木等弹性材料），这样可以进一步减小结构噪声传递影响，如果采用刚性连接，隔声量可能会降低 5 dB。

若船舶声学设计中无法获得双层隔板隔声量精确值，推荐使用经验数据。假定完全等同的两层板壁之间除周边以外皆无其他连接，这种双层壁结构隔声量的近似值如表 6-3 所示。

表 6-3　船用双层隔板隔声量近似值

壁厚 /mm	壁间空隙 /mm	1/1 倍频带中心频率/Hz								
		31.5	63	125	250	500	1 000	2 000	4 000	8 000
1.6	102	10	16	22	29	41	52	60	60	60
3.2	51	15	21	27	34	46	58	60	60	60
3.2	102	15	21	27	37	49	60	60	60	60
3.2	204	15	21	28	40	52	60	60	60	60
6.4	51	22	29	36	45	57	60	60	60	60
6.4	102	22	29	36	48	60	60	60	60	60
6.4	204	22	29	39	50	60	60	60	60	60

对于不同隔声量构件组合而成的隔声结构，如带有门窗的隔墙，总隔声量为

$$TL = 10\lg\left(\frac{1}{\tau}\right) = 10\lg\frac{\sum_{i=1}^{n}S_i}{\sum_{i=1}^{n}\tau_i S_i} 10\lg\frac{\sum_{i=1}^{n}S_i}{\sum_{i=1}^{n}10^{-0.1TL_i}S_i} \qquad (6-28)$$

其中：S_i 为不同组件的面积，τ_i 和 TL_i 为对应的透射效率和隔声量。

若某隔墙隔声量为 60 dB，但墙面有 1‰ 的孔洞完全漏声，根据式（6-28）计算可得其实际隔声大约为 20 dB。由此可见，对于高隔声量的隔墙结构，门窗及

穿舱孔缝隙是主要声传递路径,可能大大影响隔墙的实际隔声效果。而在声学设计中,最合理的是保证各组成部分隔声量相等,即:$S_1\tau_1 = S_2\tau_2 = \cdots = S_n\tau_n$,这样才能保证隔声的最高效率。

6.3.3 隔声罩

当舱室内设备直达声占主导时,隔声罩可以有效控制噪声源辐射的空气声。对于设备体积不是特别大的情况,如对于柴油发电机组或罗茨风机通常是采用箱装体的形式。隔声罩可以看作是一个封闭的箱体,由板状隔声构件组成,通常用 1.5～3 mm 厚的钢板或者铝板作为面板(隔声罩外表面),用一层穿孔率大于20%的穿孔板作为内壁,两层板覆盖在预制框架两边,间距为 5～15 mm,当中填充吸声材料,材料表面还覆盖一层多孔纤维或纱网,以保护吸声材料。或在上述结构的吸声材料和密实板之间增加空气层,以提高隔声量。另一种隔声罩不设置多孔吸声面,用两块密实板作为面板,中间填充吸声材料成为双层隔声结构。这种形式常用于隔声量较大的局部,如隔声罩的门等。

隔声罩的降噪量可以用两个指标来衡量。

(1)传递损失 TL——定义为隔声罩内外声压级之差,也叫降噪量 NR,即

$$NR = TL = L_1 - L_2 \tag{6-29}$$

(2)插入损失 IL——定义为隔声罩外同一点在安装隔声罩前后声压级之差,即

$$IL = L_2 - L_2' \tag{6-30}$$

设隔声罩表面积为 S_1,声透射效率为 τ,材料吸声系数为 α_1,罩内声强为 I_1。若设备源强度为 W_1,则隔声罩内能量平衡关系为

$$W_1 = I_1 S_1(\alpha_1 + \tau) \tag{6-31}$$

在没有安装隔声罩时,室内混响声场声强为 I_2。若房间表面积为 S_2,房间平均吸声系数为 α_2,稳定条件下 W_1 被墙面全部吸收,即

$$W_1 = I_2 S_2 \alpha_2 \tag{6-32}$$

安装隔声罩后,从隔声罩透射入房间的声功率 $W_2 = I_1 S_1 \tau$,则房间平衡关系为

$$W_2 = I_2' S_2 \alpha_2 \qquad (6-33)$$

再结合式(6-31),得

$$I_2' = \frac{W_2}{S_2 \alpha_2} = \frac{I_1 S_1 \tau}{S_2 \alpha_2} = \frac{W_1}{S_2 \alpha_2} \cdot \frac{\tau}{\tau + \alpha_1} = I_2 \frac{\tau}{\tau + \alpha_1} \qquad (6-34)$$

根据插入损失定义

$$IL = L_2 - L_2' = 10 \lg \frac{I_2}{I_2'} = 10 \lg \left(\frac{\tau + \alpha_1}{\tau} \right) = TL + 10 \lg(\tau + \alpha_1) \qquad (6-35)$$

由于 $(\tau + \alpha_1) < 1$,其对数为负值,可见隔声罩的 IL 总是小于其传递损失 TL 的。当 $\alpha_1 \gg \tau$ 时式(6-35)可以简化为

$$IL = TL + 10 \lg \alpha_1 \qquad (6-36)$$

由上式可见,隔声罩的插入损失同时取决于其隔声量和吸声系数,且罩内吸声系数越高,两者差距越小,可见隔声罩内辐射吸声材料的重要性。

在实际船舶噪声源控制时,隔声罩的设计和选型还应注意以下几个因素:

(1)隔声罩的散热。部分机电设备既是噪声振动源也是热源,加装隔声罩以后设备的环境温度会上升,维持罩内温升不要太高,才能保证设备正常运行。隔声罩的通风大多选用低噪声轴流风机,进风口及排风口应设置消声器,以降低气流噪声。且进排风口的位置应使气流从表面温度较低部分流向温度较高部分,以提高散热效率。

(2)漏声影响。如前所述,孔洞或缝隙的透射系数为1,对隔声量影响非常大。假设隔声罩隔声量为 40 dB,只要存在 1% 的开口,降噪量会下降至 20 dB。因此从工艺上保证隔声罩门及检修窗等的声密封性是至关重要的。而对于开放型隔声罩,其本身不是封闭的,对隔声构件的降噪量要求无须过高,一般不超过 20 dB。

(3)隔声罩的隔振。对于隔声量较大的隔声罩而言,结构噪声传递成为主要途径。因此隔声罩内的机电设备,尤其是柴油发电机组,不可直接刚性安装,必须加装相应的隔振器。而进排气管道也必须加装弹性接头。此外隔声罩壁面尽量不要贴近机器表面,否则夹在机器表面和隔声罩之间的空气会与固体表面形成耦合系统,当空气层共振时振动会从机器表面通过空气传递给隔声罩,从而使得隔声量降低。

6.3.4 声屏障

隔声罩结构复杂,成本较高,在条件有限且隔声要求不是很高的情况下也可以采用简化的措施。在声源与接收点之间,插入一个具有足够面密度的板或隔墙,使得声传递有一个显著的附加衰减,这种障碍物称为"声屏障"。声波遇到屏障时,产生反射绕射和透射,声屏障的作用就是阻止直达声,隔离透射声以及一致绕射声。这要求障碍板具有较高的面密度(通常要求大于 20 kg/m²),且不漏声的材料构成,目的是使声屏障的隔声量比绕射声的衰减量大 10 dB 以上。如此屏障的透射声可以忽略不计,只需考虑绕射效应。

对于无限长声屏障,不必考虑屏障两侧的绕射而只需计算屏障顶部的绕射部分。若声源为点源,则引入"菲涅尔(Fresnel)系数"

$$N = \frac{2(A+B-r)}{\lambda} = \frac{2\delta}{\lambda} \qquad (6-37)$$

其中:λ 为声波波长,m;δ 为绕射距离 $A+B$ 与直达距离 r 之差,也叫"声程差",m。根据波动光学分析,可得声屏障附加声衰减量 D 与 N 关系,如图 6 - 4 所示。当 $N \geqslant 1$ 时,存在近似关系

$$D = 10\lg N + 13 \qquad (6-38)$$

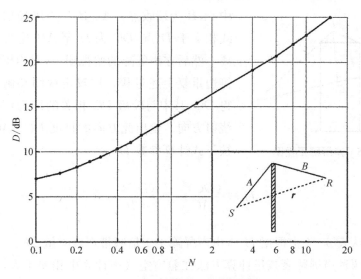

图 6 - 4　声屏障的附加声衰减量

该式表明：当 N 增大时，衰减量 D 随之对数上升。声程差每增加一倍，D 增加 3 dB。但实际上衰减量不会无限制地增加，研究表明 D 的极限值大约为 24 dB，对应 $N=12$，也就是说式（6-38）适用范围为 $1 < N < 12$。

根据理论声学分析，半混响场中有限声屏障的插入损失可按下式计算

$$I = 10lg\left(\frac{\frac{Q}{4\pi r^2} + \frac{4}{R}}{\frac{Q_B}{4\pi r^2} + \frac{4}{R}}\right) \tag{6-39}$$

其中：r 为接收点距离声源距离，m；R 为房间常数；Q 为声源位置系数；Q_B 为合成的指向性系数，且

$$Q_B = Q \cdot \sum_{i=1}^{3} \frac{\lambda}{3\lambda + 20\delta_i} \tag{6-40}$$

其中：δ_1、δ_2、δ_3 分别为有限尺度声屏障三个方向的声程差，m。对于自由场，或房间常数 $R \rightarrow \infty$ 的情况，式（6-39）简化为

$$IL = -10lg\left(\sum_{i=1}^{3} \frac{\lambda}{3\lambda + 20\delta_i}\right) \tag{6-41}$$

上述声屏障附加声衰减是基于理论分析得到的，在陆上使用较多。另外有一种船用声屏障衰减快速简化方法。图 6-5 为声屏障正视图，图中 A 为声源中心，B 为接收点。A、B 与声屏障顶部边缘连线相交于 D 点，DC 为 D 至 AB 连线的垂直距离。然后在声屏障的俯视图上，对声屏障两端的侧边重复上述过程。比较正视图和俯视图上所得 DC，其中与较短 DC 相关的即为声屏障最易绕射方向。量出此方向的长度 DC、AC 及 CB，按下式计算参数 H

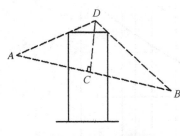

图 6-5　声屏障正视图

$$H = \frac{(DC)^2}{AC} + \frac{(DC)^2}{CB} \tag{6-42}$$

然后从表 6-4 中根据 H 查出声屏障 1/1 倍频带声衰减量 ΔL。

上述两种声屏障衰减量计算方法在舱室空气声计算中相差不大，设计人员可根据实际情况选用。

表 6 - 4　声屏障附加衰减量与 H 关系[5]

H/m	1/1 倍频带中心频率/Hz								
	31.5	63	125	250	500	1 000	2 000	4 000	8 000
0.008～0.015	5	5	5	5	6	6	7	8	9
0.015～0.03	5	5	5	6	6	7	8	9	11
0.03～0.06	5	5	6	6	7	8	9	11	13
0.06～0.12	5	6	6	7	8	9	11	13	16
0.12～0.24	6	6	7	8	9	11	13	16	19
0.24～0.5	6	7	8	9	11	13	16	19	22
0.5～1.0	7	8	9	11	13	16	19	22	24
1.0～2.0	8	9	11	13	16	19	22	24	24
2.0～4.0	9	11	13	16	19	22	24	24	24
4.0～8.0	11	13	16	19	22	24	24	24	24

6.4　消声器

消声器是降低空气动力性噪声的主要手段，它允许气流通过，但可以反射或吸收大部分噪声能量，通常在柴油机进排气口、空调通风系统布风口处都会安装。从工作原理上，消声器可以分为抗性消声器和阻性消声器，前者主要以反射声能为主基本不耗散能量，后者以耗散声能为主。工程上对消声器在技术上要达到三方面性能：① 声学性能，即在较宽的频带上具有足够大的消音量；② 空气动力性能，即安装后对流阻影响足够小；③ 结构性能，即质量轻、加工简便，坚固耐用。

消声器声学性能的评价量有三种：

1）透射损失 TL

透射损失也叫传递损失或消声量，定义为消声器入射声功率 W_i 与透射声功率 W_t 之比取级，即

$$TL = 10\lg\left(\frac{W_i}{W_t}\right) \qquad (6-43)$$

这里假定消声器末端是无限长均匀管道，不存在末端反射问题，因此 TL 只

取决于消声器本身。消声量可以在实验室环境下用特殊的装置进行测量。

2）插入损失 IL

在管道出口某特定测点处，安装消声器前后测得的声级差，即

$$IL = L_2 - L_2' \tag{6-44}$$

插入损失 IL 不仅反映消声器本身特性，还与周边声学环境相互影响，但其现场测量比较方便。

3）降噪量 NR

定义为消声器进出口的声级差，即

$$NR = L_1 - L_2' \tag{6-45}$$

传递损失、插入损失和降噪量之间不存在简单联系，但它们对消声器性能评价基本是等价的。这三者的联系取决于消声器的内阻抗和末端阻抗，通常 $NR - TL = 3\,\text{dB}$。

6.4.1　抗性消声器

抗性消声器本身并不吸收声能，它是利用管道截面突变或共振腔制造阻抗失配，使得沿管道传递的平面声波发生发射将能量返回，抑制其向下游传递，从而达到降低出口声压的目的。这类消声器比较适用于中低频消声，常用的有扩张室式和共振腔式两种。

1）扩张室式消声器

图 6-6 所示的是较简单的单节扩张室式消声器，它是在截面积为 S_1 的管道中接入一段截面积为 $S_2(S_2 > S_1)$，长为 l 的扩张管道而构成的。

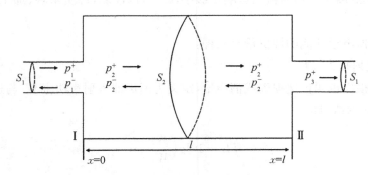

图 6-6　单节扩张室式消声器原理图

现利用平面波传递理论来推导消声量公式。假设管路前后均为无限长,或者不存在末端反射。根据图 6-7 所示坐标系,简谐激励下管道内的声压分布可以表示为

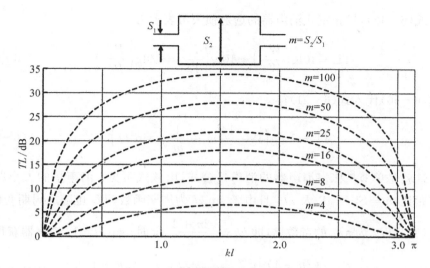

图 6-7　单节扩张室式消声器的消声量

$$\begin{cases} p(x,\,t)=(p_1^+\mathrm{e}^{-\mathrm{j}kx}+p_1^-\mathrm{e}^{\mathrm{j}kx})\bullet\mathrm{e}^{\mathrm{j}\omega t}, & x<0 \\ p(x,\,t)=(p_2^+\mathrm{e}^{-\mathrm{j}kx}+p_2^-\mathrm{e}^{\mathrm{j}kx})\bullet\mathrm{e}^{\mathrm{j}\omega t}, & 0<x<l \\ p(x,\,t)=p_3^+\mathrm{e}^{-\mathrm{j}k(x-l)x}\bullet\mathrm{e}^{\mathrm{j}\omega t}, & x>l \end{cases} \quad (6-46)$$

其中:$p_1^{\pm}$、$p_2^{\pm}$、p_3^+ 为不同管路段声波复幅值,上标"+"表示向 x 正方向传递,"−"表示向 x 负方向传递。设 $m=S_2/S_1$ 为扩张比,在扩张段入口($x=0$)和出口($x=l$)的边界条件分别为

声压连续

$$x=0\,处:\quad p_1^++p_1^-=p_2^++p_2^- \quad (6-47)$$

$$x=l\,处:\quad p_2^+\mathrm{e}^{-\mathrm{j}kl}+p_2^-\mathrm{e}^{\mathrm{j}kl}=p_3^+ \quad (6-48)$$

体积速度连续

$$x=0\,处:\quad p_1^+-p_1^-=m(p_2^+-p_2^-) \quad (6-49)$$

$$x=l\,处:\quad m(p_2^+\mathrm{e}^{-\mathrm{j}kl}-p_2^-\mathrm{e}^{\mathrm{j}kl})=p_3^+ \quad (6-50)$$

将式(6-46)～式(6-49)联立,得

$$\frac{p_1^+}{p_3^+} = \cos kl + \mathrm{j}\,\frac{m^2 + 1}{2m}\sin kl \tag{6-51}$$

根据式(6-42),扩张室式消声器的透射损失可表示为

$$\mathrm{TL} = 10\lg\left(\frac{W_i}{W_t}\right) = 10\lg\left(\frac{I_i}{I_t}\right) = 10\lg\left(\frac{P_1^+}{P_3^+}\right)^2 \tag{6-52}$$

将式(6-50)代入式(6-51)得

$$\mathrm{TL} = 10\lg\left(1 + \frac{1}{4}\left(m - \frac{1}{m}\right)^2 \sin^2 kl\right) \tag{6-53}$$

这就是单节扩张室消声器的消声量公式,由该式可见:消声量的大小取决于扩张比 $m = S_2/S_1$ 以及 kl,且由于 $\sin kl$ 为周期函数,TL 也随之周期变化。

(1) 当 kl 为 $\pi/2$ 的奇数倍,即 $kl = \frac{(2n+1)}{2}\pi$ 时,$\sin kl = 1$,消声器获得最大消声量。此时,$f = \frac{(2n+1)}{4}\frac{c}{l}$,还可以写成 $l = \frac{(2n+1)}{4}\lambda$,也就是说当扩张室长度等于声波 1/4 波长的奇数倍时,消声量最大。

(2) 当 kl 为 $\pi/2$ 的偶数倍,即 $kl = n\pi$ 时,$\sin kl = 0$,消声量等于零,相应频率为通过频率 $f_n = \frac{n}{2}\frac{c}{l}$,也可以变换为 $l = \frac{n}{2}\lambda$,说明当扩张室长度等于声波半波长的整数倍时,消声器不起作用。

当扩张比 m 增大到一定值或声波频率升高到一定量值后,声波会集中在扩张室中部以窄束形式穿过,使消声器出现高频失效现象。因此,扩张室式消声器存在上限截止频率

$$f_{\perp} = 1.22\frac{c}{D} \tag{6-54}$$

其中:D 为扩张室直径。

另一方面,当频率降低到一定量值,使得声波波长远大于扩张室长度时,扩张室和连接管内空气会整体运动,成为集总声学元件构成对的声振系统(类似亥姆霍兹共鸣腔),在该系统共振频率附近,消声器不仅不能消声,还会放大噪声。因此扩张室消声器还存在下限截止频率

$$f_{\text{下}} = \frac{c}{\sqrt{2}\pi} \sqrt{\frac{S}{VL}} \qquad (6-55)$$

其中：S 为连接管面积，L 为连接管长度，V 为扩张室容积。

此外，当气流速度过大时有效扩张比会下降，从而降低消声量。马赫数 $M < 1$ 时扩张室的有效扩张比为 $m_e = m/(1 + m \cdot M)$。

2）共振腔式消声器

图 6-8 所示是一种多节式共振腔式消声器。密封的空腔经过内管上的小孔与气流通道相联通。小孔孔颈中的空气柱如同活塞，起声质量作用，而空腔中的空气则起到声学弹簧作用，这就形成了一系列亥姆霍兹共振腔。当孔心距为孔径 5 倍以上时，各孔之间相互干涉可忽略，这些共振腔可作为并联处理。单节共振腔式消声器的共振频率 f_0 为

$$f_0 = \frac{c}{2\pi} \sqrt{\frac{G}{V}} \qquad (6-56)$$

其中：$G = ns_0/(t + 0.8d)$ 为小孔传导率；t 为穿孔板厚度，m；d 为小孔直径，m；n 为小孔数；s_0 为每个小孔面积，m^2。当声波频率与共振频率 f_0 一致时，系统发生共振，达到最大消声量。

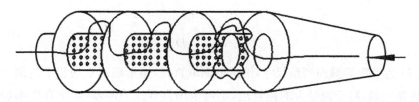

图 6-8　共振腔式消声器

单节扩张室式或共振腔式消声器都存在"频率选择"的特点，即仅在有限频带范围有较好的吸声效果。为了改善性能，通常采用多节共振腔串联的办法，克服单腔共振式消声器共振频带窄的缺点。

6.4.2　阻性消声器

阻性消声器是在管道内插入一段结构，内部沿气流通道敷设吸声材料。噪声沿管道传播时声波进入多孔材料内部，激发起孔隙中的空气及材料细小纤维结构振动，因摩擦和黏滞力作用使得声能耗散，转变为热能。阻性消声器消声量可按下式计算

$$TL = \varphi(\alpha_0) \cdot \frac{P}{S} l \qquad (6-57)$$

其中：P 为消声器横截面周长，m；S 为横截面积，m^2；l 为消声器长度，m；$\varphi(\alpha_0)$ 为消声系数，其与吸声材料法向吸声系数 α_0 关系如表 6-5 所示。

表 6-5　消声系数与 α_0 关系

α_0	$\varphi(\alpha_0)$	α_0	$\varphi(\alpha_0)$
0.1	0.1	0.6	0.9
0.2	0.3	0.7	1.0
0.3	0.4	0.8	1.2
0.4	0.55	0.9	1.5
0.5	0.7	1.0	1.5

与抗性消声器类似，阻性消声器同样存在高频失效问题。对于截面尺寸一定的消声器，当频率增大到某一量值后，声波集中在管道中部通过，以至于壁面吸声材料不能充分发挥作用，使得消声量急剧下降。阻性消声器高频失效的上限截止频率为

$$f_{\pm} = 1.88 \frac{c}{D} \qquad (6-58)$$

其中：D 为消声器截面当量尺寸，圆形截面取直径，矩形截面取边长平均值。为了抑制高频失效，对于流量大的粗管道，不可采用直管式消声器，通常在内部加装消声片，或者设计成蜂窝式、折板式或弯头式结构，以使得 D 减小，以提高截止频率。

6.5　减振措施

船舶噪声控制中除了空气声的影响外，结构振动引起的结构噪声传递也是不可忽略的重要组成部分。降低机电设备结构振动量级以及抑制结构噪声能量传递不仅可以提高船舶的舒适性，打造宜居环境，也可以降低其二次辐射声的影响。

船舶结构振动控制中常用的是隔振措施以及阻尼材料的应用，两者都能在一定程度上降低结构振动的影响，但其工作原理是截然不同的。隔振系统（如减振器、浮筏、高频隔振垫等），主要是利用高频条件下的惯性力平衡外激励以减小

振幅,通常对中高频振动抑制比较有效;而阻尼则是依靠黏弹性材料对振动能量的耗散来抑制结构共振峰值(抑制高频模态),从而降低振动量级。虽然从结果上看两者对振动量级的抑制都有一定效果,但在船舶声学设计中要根据实际情况选择最合适的措施。比如,对于柴油机和泵等设备通常采用隔振器以隔绝设备振动的影响,而不是对其基座敷设阻尼;但对于某些比刚度较低而又无法加强的板格结构,则更适合用敷设阻尼的方式来抑制其模态。

6.5.1　减振器

减振器(也称隔振器)简单地讲就是安装在设备下方质量较小且具有一定弹性的振动隔离元件。经典振动隔离模型是用单质量弹性系统力学模型所描述的单自由度隔振系统,如图 6－9 所示。

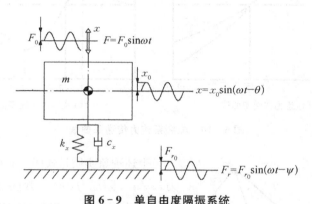

图 6－9　单自由度隔振系统

根据牛顿定律,经整理后可得单自由度强迫振动的运动方程式如下

$$m\ddot{x} + c\dot{x} + kx = F_0 \sin \omega t \tag{6-59}$$

其中:$x(t)$ 为设备位移,m、c、k 分别为系统质量、刚度和阻尼系数。参数上标一点和两点分别表示时变参数对时间的一阶和二阶导数。

系统的绝对传递系数 T_A 为

$$T_A = \sqrt{\dfrac{1 + \left(2 \times \left(\dfrac{c}{c_c}\right)\left(\dfrac{\omega}{\omega_n}\right)\right)^2}{\left(1 - \left(\dfrac{\omega}{\omega_n}\right)^2\right)^2 + \left(2 \times \left(\dfrac{c}{c_c}\right)\left(\dfrac{\omega}{\omega_n}\right)\right)^2}} = \sqrt{\dfrac{1 + (2\xi\bar{\omega})^2}{(1 - \bar{\omega}^2)^2 + (2\xi\bar{\omega})^2}}$$

$$\tag{6-60}$$

其中：$\omega_n = \sqrt{\dfrac{k}{m}}$ 为系统固有频率；$c_c = 2\sqrt{km} = 2m \cdot \omega_n$ 为临界阻尼系数，$\xi = c/c_0$ 为阻尼比，$\bar{\omega} = \omega/\omega_n$ 为频率比，是外激励频率与隔振系统固有频率之比，也叫无量纲频率。

根据式（6-60），以不同阻尼代入，可作出绝对传递率的理想曲线，如图6-10(a)所示。实际上单层隔振系统的绝对传递系数一般只能做到0.2左右（即-12 dB左右）。当频率比 $\omega/\omega_n > 2$ 以后，绝对系统传递系数就会有起伏，如图6-10(b)所示。

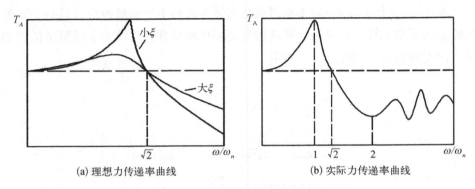

(a) 理想力传递率曲线　　　　　　(b) 实际力传递率曲线

图6-10　隔振系统力传递率曲线

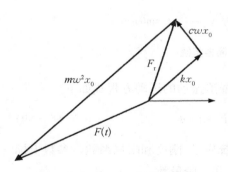

图6-11　强迫振动中的矢量关系

上述现象实质是式(6-59)中所述的惯性力 $m\omega^2 x_0$、阻尼力 $c\omega x_0$、弹性力 kx_0 和扰动力 $F(t)$ 随干扰频率 ω 变化时的矢量平衡关系。当 $\omega/\omega_n \gg 1$ 时，此时阻尼力和弹性力都是相对小量，干扰力几乎等于惯性力，如图6-11所示。此时，传递给基座的力仍是弹性力 kx_0 和阻尼力 $c\omega x_0$ 的合力 F_r。

经典的隔振方法实际上并没有隔离扰动力的内涵，仅以降低系统固有频率的方法来调节惯性力、弹性力、阻尼力和干扰力之间的相位，实现部分抵消，且阻尼仅对共振区有效。不难看出上述机理的隔振效果仅在高频区有效（$\bar{\omega} > \sqrt{2}$）。为了提高减振的效果，工程上会采用双层隔振，由于增加了可观的中间质量，又平衡掉一部分干扰力，可以达到24～30 dB的减振效果。

在船舶设计中，通常不推荐直接使用式(6-60)对隔振系统力传递率进行估算,一方面该公式误差较大,另一方面工程上更多采用隔振量(即隔振器上下端振级落差)来对隔振系统性能进行评估。*Design Guide for shipboard airborne nosie control*，*T&R bulletin 1983* 给出了不同类型机电设备及安装状态下基座及隔振系统的传递损失计算方法,供设计人员参考。

1) 设备与基座分类

机器按质量分为三类。质量小于 500 kg 为"Ⅰ类"(轻型),在 500～5 000 kg 之间为"Ⅱ类"(中型),大于 5 000 kg 为"Ⅲ类"(重型)。所指机器质量包括机器本身和与其相连的辅助系统、管路及底板。

基座分为 A 类与 B 类。A 类为相对较轻的结构,比如由腹板宽度小于150 mm 的梁构成的结构,或由管材构成的结构,称为"管材基座"。B 类则是与船壳骨架相似的坚实厚重的结构,并且常常与船体主要结构相连,称为"板-梁基座",如图 6-12 所示。

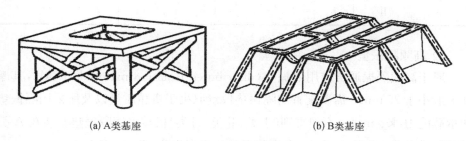

(a) A类基座　　　　　　　　(b) B类基座

图 6-12　两类基座

Ⅲ类机器采用的必然是 B 类基座,而 Ⅰ、Ⅱ类机器可能采用 A 类或者 B 类基座。大多数船用机械的典型分类及采用的基座类型列于表 6-6。

表 6-6　机械分类及基座类型表

噪声源机械	质量类别	基座类型
柴油机/发电机	Ⅲ	B
燃气轮机/发电机功率>3 000 kW	Ⅲ	B
燃气轮机/发电机功率<3 000 kW	Ⅱ	B
主减速齿轮箱	Ⅲ	B
泵	Ⅰ、Ⅱ、或Ⅲ	A 或 B
空压机	Ⅰ、Ⅱ、或Ⅲ	B
电动机	Ⅰ、Ⅱ、或Ⅲ	A 或 B

2）刚性安装

各类机械在不同类型基座上刚性安装时的传递损失值（dB）列于表 6 - 7。

表 6 - 7　刚性安装传递损失

基座类型	机械质量类别	1/1 倍频带中心频率/Hz								
		31.5	63	125	250	500	1 000	2 000	4 000	8 000
B	Ⅰ	13	10	8	6	6	6	6	6	6
	Ⅱ	9	7	6	5	5	5	5	5	5
	Ⅲ	5	4	3	3	3	3	3	3	3
A	Ⅰ	6	6	6	6	6	6	6	6	6
	Ⅱ	5	4	4	4	4	4	4	4	4

3）高频隔振垫

对于高频隔振通常应用隔振垫（distributed isolation material，DIM），其厚度一般小于 25 mm。需要配置的隔振垫数量取决于机械质量以及所采用隔振垫的承载能力（kg/m²）。不同类别（Ⅰ类、Ⅱ类、Ⅲ类）机械采用隔振垫安装在 A 类（轻型）或 B 类（坚实）基座上、在安装点的传递损失值（dB）列于表 6 - 8。

表 6 - 8　高频隔振垫传递损失

基座类型	机械质量类别	1/1 倍频带中心频率/Hz								
		31.5	63	125	250	500	1 000	2 000	4 000	8 000
B	Ⅰ	13	11	9	8	10	15	15	15	15
	Ⅱ	9	7	7	6	8	8	9	10	10
	Ⅲ	5	4	3	3	3	3	4	5	8
A	Ⅰ	6	6	6	7	8	9	10	10	10
	Ⅱ	5	4	4	4	4	4	5	6	8

将结构噪声源强度级减去上表中的传递损失值，可得出在这些安装点之下

基座顶部的振动加速度级。

4) 低频隔振器

表 6-9 列出低频弹性隔振器的传递损失值(dB)。

表 6-9 低频隔振器传递损失

基座类型	机械质量类别	1/1 倍频带中心频率/Hz								
		31.5	63	125	250	500	1 000	2 000	4 000	8 000
B	I	20	25	30	30	30	30	30	30	30
	II	12	16	20	23	25	25	25	25	25
	III	8	12	13	14	15	18	20	20	20
A	I	9	14	20	23	25	25	25	25	25
	II	4	8	12	14	17	20	20	20	20

上表适用于该"机械-隔振器-基座"系统自然频率以上的频率范围。系统自然频率按下式计算

$$f_n = \frac{1}{6.28}\sqrt{\frac{NK}{M}} \tag{6-61}$$

其中: N 为隔振器个数; K 为隔振器刚度, N/m; M 机械及基板总质量, kg; 垂向及横向刚度应由减振器制造厂给出。

对于典型的船用机械而言, 系统自然频率通常低于 15 Hz。在接近自然频率处, 传递损失值(dB)可能会为负值, 也就是说, 机械的自由振动加速度级可能会被放大, 即基座上的振动加速度级将高于自由振动加速度级。低于自然频率时, 随频率下降传递损失趋近于零。设计隔振系统时, 必须使系统自然频率充分地低于被隔振机械承受的激励频率, 以避免系统共振。

5) 双层隔振系统

在双层隔振系统中, 振动机械弹性地安装在一个坚实的中间筏体上, 再将它们一起弹性地安装到基座。振动机械与筏体之间安装上层隔振器, 筏体与基座之间安装下层隔振器, 振动是经过上层隔振器、筏体及下层隔振器再传到基座的。

双层隔振系统的传递损失值(dB)列于表 6-10。

表 6-10　双层隔振系统传递损失

基座类型	机械质量类别	1/1 倍频带中心频率/Hz								
		31.5	63	125	250	500	1 000	2 000	4 000	8 000
B	Ⅰ	25	33	40	45	50	50	50	50	50
	Ⅱ	22	30	35	40	45	48	50	50	50
	Ⅲ	20	25	30	35	40	45	50	50	50
A	Ⅰ	20	25	30	35	40	45	45	45	45
	Ⅱ	15	22	27	32	35	40	45	45	45

上表中数值适用于在"机械/上层隔振器系统"自然频率以及"筏体以上总质量/下层隔振器系统"自然频率以上的频率范围。由于上层隔振器承载的质量比下层隔振器承载的质量小,故"机械/上层隔振器系统"自然频率较高。因此双层隔振系统的自然频率通常要比单层隔振系统的自然频率要高。对于典型的船用机械双层隔振系统而言,其自然频率小于 30 Hz。

6.5.2　阻尼材料

阻尼材料多为橡胶及塑料等高分子材料,加以各种辅料合成所得。其主要工作原理是利用材料的黏性与摩擦等将机械功转化为热能耗散掉,从而降低振动速度。阻尼主要靠材料的剪切变形来耗散能量,直接被敷设在甲板或舱壁上的阻尼被称为"自由阻尼",这种阻尼的效果相对较差;如果在阻尼层上方再附加一层金属薄板(通常 1~2 mm 厚),形成"约束阻尼",可以大大提高阻尼的耗散效果。

衡量材料阻尼性能的参数是损耗因子,黏弹性材料的复剪切模量可以表示为

$$G = G' + jG'' \tag{6-62}$$

其中:G'、G'' 分别为模量的实部与虚部,$j = \sqrt{-1}$。这两者的比值定义为"损耗因子",即

$$\eta = \frac{G''}{G'} \tag{6-63}$$

　　其物理意义是一个周期内系统阻尼损耗能量与弹性形变能量之比。由此可见,阻尼耗能需要依靠大损耗因子及大弹性形变,因此对于振动速度相对较小的区域阻尼是不起什么作用的。

　　不同阻尼材料的特性曲线随温度、频率、变形量变化各不相同,船用阻尼敷设必须根据阻尼厂商提供的损耗因子曲线结合舱室环境选型使用,以保证在所涉及的频段及变形范围内具有最大的损耗因子。有一点需要指出的是:绝大部分阻尼材料,尤其是黏性阻尼材料都在高频区有较好的效果,因此阻尼材料往往有一个"起效频率",也就是下限截止频率,只有当频率高于该频率时阻尼材料才是有效的。常用阻尼材料特性曲线也可以参考声学设计手册和相关的材料手册而获得。

6.6　舱室空气声控制方法及改进建议

　　在工程上噪声控制与舱室空气声预报方法类似,舱室空气声抑制也可以从"源-路径-接收点"三个方面来考虑。

6.6.1　噪声源

　　直接且有效的方法是根据已有的实测数据和设备说明书选择低噪声级和振动加速度级的设备。需要指出的是,现如今常用的噪声及振动控制手段通常只在中高频区较为有效,而在低频区效果不明显。有些措施甚至会在低频区对振动和噪声起到放大的作用。因此,在总体设备选型的时候,尽量选取低频区噪声及振动加速度级相对较小的设备。

　　总之,在噪声源处对噪声进行控制的较有效的方法就是合理的设备选型及正确的安装。

6.6.2　传递路径

6.6.2.1　空气声路径

1) 声屏障

　　声屏障对指向性较强的直达声场较为有效,因此多使用于户外甲板上。声屏障在室内或以混响场为主的空间内的使用效果并不明显,应避免使用。同时,在选择声屏障时,应尽量采用高传递损失的材料。

2) 箱装体

　　对于某些噪声源强度较大的设备(如柴油发电机组或者燃气轮机等),可以将其装入箱装体以减少噪声源对外界的影响。在使用箱装体的时候需要注意以下几个方面,则可以明显提高箱装体的隔声效果。

① 箱装体的外表面尽量采用较高声传递损失的隔声材料。

② 箱装体内表面要敷设吸声材料,通常情况下希望是不少于50%的箱装体内表面敷设厚度至少为1 mm的玻璃棉。

③ 安置在箱装体内的设备必须通过减振器安装在箱装体底面上,以防止设备振动通过箱装体外壳向外辐射二次噪声。

④ 注意任何开口处(包括进气与排气管道穿越箱装体的开口处)的吸声与隔声,有必要时要在这些穿越处加装消声器,以提高排气与进气噪声的传递损失。

⑤ 在条件允许的情况下,尽量增大机器及设备与箱装体外壳的间隙,以避免箱装体内的空气的"弹簧效应"引起外壳振动,并向外辐射噪声。

当箱装体的内表面敷设了吸声材料,而机器或设备的表面到箱装体表面的平均最近距离在 $0.15\sim1.5$ m 时,箱装体的插入损失可以由以下公式计算出的基础级加上各 1/1 倍频带上的修正值获得。基础级的计算公式为

$$IL_{\mathrm{B}} = -27 + 20\lg(\rho_{\mathrm{s}}) \quad f\times L \geqslant 45 \qquad (6-64)$$

$$IL_{\mathrm{B}} = -19.5 + 20\lg(L) + 20\lg(\rho_{\mathrm{s}}) \quad f\times L < 45 \qquad (6-65)$$

其中:L 为设备到箱装体内表面的平均最短距离,m;f 为频率,Hz;ρ_{s} 为箱装体的面密度,kg/m^3。

1/1 倍频带增值 ΔL(dB)如表 6-11 所示。

表 6-11 1/1 倍频带增值 ΔL(dB)

1/1 倍频带中心频率/Hz	ΔL	1/1 倍频带中心频率/Hz	ΔL
31.5	0	1 000	29
63	1	2 000	30
125	10	4 000	30
250	19	8 000	30
500	25		

当平均最短距离 $L > 3$ m 时,箱装体外壳可看作舱壁进行计算。

设置在机舱内的控制室也可以看成箱装体的一种,其声插入损失可从25 dB至45 dB不等。机舱控制室在各倍频带上的插入损失的平均值如表6-12所示。

表6-12 机舱控制室在各倍频带上的插入损失的平均值

1/1 倍频带中心频率/Hz	IL/dB	1/1 倍频带中心频率/Hz	IL/dB
31.5	5	1 000	31
63	12	2 000	33
125	16	4 000	31
250	22	8 000	29
500	27		

3) 舱壁

舱壁结构可以有效地抑制空气声的传递,但是其传递损失会受到侧漏及开口等因素的影响。所以在建造过程中,舱壁的实际传递损失往往要低于实验室的测量值。通常情况下,水密舱壁的声传递损失不会超过35 dB,而非水密舱壁的声传递损失则小于20 dB。因此这里所给出的舱壁传递损失其实是一个上限值。

(1) 标准舱壁。

标准舱壁的传递损失在高频区可达到45 dB,但是当舱壁的开口面积达到舱壁总面积的1%的时候,其最大传递损失会降到20 dB。因此减少开口面积或在开口处进行吸声处理可以有效地提高传递损失。

当测漏问题得以解决后,还要进一步提高舱壁的声传递损失,可以考虑在舱壁上敷设吸声材料(如玻璃棉)。敷设吸声材料后传递损失的增量如表6-13所示。

表6-13 敷设吸声材料后传递损失的增量

$\Delta TL/dB$	1/1 倍频带中心频率/Hz								
	31.5	63	125	250	500	1 000	2 000	4 000	8 000
厚度 25 mm 密度 20~80 kg/m³	0	0	0	0	0	0	1	2	4

$\Delta TL/\text{dB}$	1/1 倍频带中心频率/Hz								
	31.5	63	125	250	500	1 000	2 000	4 000	8 000
厚度 25 mm 密度 20~80 kg/m³	0	0	0	0	2	5	9	12	14
厚度 50 mm 密度 100~200 kg/m³	0	0	0	0	1	2	3	5	8
厚度 50 mm 密度 100~200 kg/m³	0	0	2	5	9	13	16	20	22

（2）附加舱壁。

在标准舱壁上附加上一层舱壁可以有效地提高舱壁的声传递损失。附加舱壁后构成的双层壁的传递损失取决于两层舱壁自身的传递损失、舱壁的连接方式、舱壁间的距离及其阻尼情况等。附加舱壁可达大道的最大传递损失的增量如表 6-14 所示。

表 6-14　附加舱壁可达大道的最大传递损失的增量

Δ TL	1/1 倍频带中心频率/Hz								
	31.5	63	125	250	500	1 000	2 000	4 000	8 000
中间层不真空	0	0	4	6	12	16	16	10	10
中间层真空	0	2	6	12	18	23	29	31	30

以上数据为附加板与原舱壁刚性连接的情况下得到的,若附加板与舱壁弹性连接或采用浮置板,传递损失最大值还可以增加 5~10 dB。

需要指出的是,增加两板间中间层的阻尼或吸声系数可以有效地提高传递损失,但是不能因此在中间层内填充过多的吸声材料,以免两板连接过于"紧密"而导致传递损失的下降。

4）空调通风系统及进排气管道

空气声在管道内的传递损失主要取决于沿管道壁的耗散、分支、转角、消声器、管道开口。

以下建议有助于改善管道内空气声传递损失。

（1）尽量采用有内衬的管道，一根 3 m 长直径为 250 mm 圆管附加 25 mm 内衬可以使得传递损失增加 14 dB。

（2）管道内气流的激励会引起管道结构的振动，从而造成结构噪声的侧漏。因此有必要采用弹性接头来减小结构噪声传递，且直管段尽量不要超过 6 m。

（3）在管道转角前后至少 3 倍于管道直径的距离内增加内衬，最多可以在高频区增加 3~6 dB 的传递损失。

（4）圆管的传递损失往往高于同条件下的矩形管，因此应尽量选择圆形的管道。

（5）在管道外增加由铝皮覆盖的玻璃棉材料的外套可以有效地减少管道外壳辐射的噪声，但是需要注意的是增加外套有可能在低频区引起更大的空气声辐射。

6.6.2.2　结构噪声路径

隔振器、浮筏及阻尼材料等可以有效地抑制结构噪声由振源向接收点的传递。

1）隔振系统

（1）高频隔振器。高频隔振器采用的是分布式的隔振材料垫（如细长的橡胶条等），因此也称为分布式隔振材料，其隔振效果通常在 50 Hz 以上较为明显。在采用高频隔振器的时候应注意以下几点：

① 高频隔振器的隔振效果与隔振器所支持的质量有关，质量越大，隔振效果越差。因此高频隔振器通常只用于质量较轻的设备与机械，而不能用于柴油机等重型设备的隔振。

② 当设备通过隔振器安装在基座上以后，隔振垫的静形变不得少于基座静形变的十倍，否则隔振效果将受到影响。

③ 隔振垫的厚度最大不要超过 25 mm。

（2）低频隔振器。选用低频隔振器的时候应注意以下几点：

① 低频隔振器主要应用于主柴油机等重型设备。

② 隔振器与设备所组成的系统的自然频率要低于 15 Hz。

③ 增大隔振器的阻尼会减小隔振器在高频区的隔振效率。

（3）双层隔振器。选用双层隔振器的时候应注意以下几点：

① 双层隔振器的安装固有频率应低于 30 Hz。

② 中间筏体的阻抗应远大于连接设备和中间筏体以及连接中间筏体与基座的减振器的阻抗。

③ 中间筏体上下两层的减振器应当尽可能拥有相同的阻抗。

④ 对于同一设备的隔振,采用双层隔振措施时选用的减振器刚度要大于采用单层隔振措施时选用的隔振器刚度。

（4）浮筏。采用浮筏可以有效地解决设备校中问题,但是由于其成本较大,通常情况下会避免使用。此外,增加浮筏上设备的总质量可以有效地增大浮筏在高频区的插入损失,但是这同样会引起低频区插入损失的减小。

大部分隔振措施都可以有效地降低结构噪声由设备向基座的传递,当隔振措施可以提供足够大插入损失的时候,空气声的侧漏就成为影响舱室空气声的重要因素。

2）阻尼层

阻尼层对结构噪声传递的抑制效果受温度的影响较大,因此必须根据环境温度来选择适合的阻尼材料。同时在使用阻尼材料的时候要注意以下问题:

（1）在敷设阻尼层之前必须对结构表面进行预处理,氧化的结构表面（尤其对铝板而言）会降低阻尼层的效果。

（2）阻尼层对自由振动的抑制作用要明显优于对强迫振动的抑制作用。

（3）如果结构本身的阻尼很小,则附加阻尼层能很好地抑制结构噪声的传递。而如果结构本身的损失因子已经较大,附加阻尼层后的效果不会很明显。因此在干钢板上敷设阻尼的效果要明显优于在亲水钢板上敷设阻尼层。

（4）阻尼层尽量要敷设在振动加速度级较大的区域,且阻尼层离板的中性平面越远,阻尼吸收效果越好。

（5）在敷设阻尼层的时候必须考虑从源到接收点的全部可能途径,否则未经阻尼处理的路径将成为"侧漏路径",从而影响结构噪声的传递损失。

理想情况下每米甲板敷设阻尼层以后引起的传递损失增量如表 6-15 所示。

表 6-15　理想情况下每米甲板敷设阻尼层以后引起的传递损失增量

ΔTL	1/1 倍频带中心频率/Hz								
	31.5	63	125	250	500	1 000	2 000	4 000	8 000
自由阻尼	1	1	1	1	1	1	1	1	1
约束阻尼	4.6	4.6	4.6	4.6	4.6	4.6	4.6	4.6	4.6

由上表可见,约束阻尼的效果要明显优于自由阻尼。

6.6.3　接收点

1）吸声材料

在接收点舱室的舱壁上敷设吸声材料能有效地降低混响声的影响，但是在以直达声为主的尝试内（比如接收点尝试内有较强的空气声源），在舱壁上附加吸声材料的效果就不会很明显。在实际工程中，敷设吸声材料可以使得混响场声压级降低7 dB左右。图6-13所示的是舱室混响场声压级的变化量随吸声材料吸声系数的变化规律。

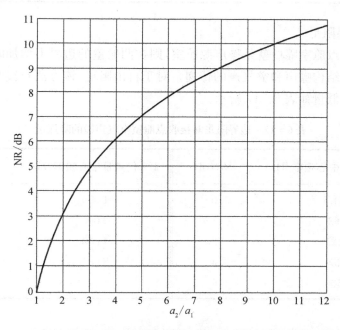

图6-13　舱室混响场声压级的变化量随吸声材料吸声系数的变化规律

图6-13中：a_1和a_2是附加吸声材料前后舱室的平均吸声系数。此外，吸声材料外的面板也会影响到吸声效果，面板越薄，高频区的吸声效果越差，因此建议采用空隙率大于20%的穿孔板作为吸声材料的面板为佳。

2）浮动舱室

浮动舱室也是一种较为有效的舱室空气声抑制方法。目前只在美国及欧洲的部分地区使用。浮动舱室对噪声的衰减作用如表6-16所示。

表 6-16　浮动舱室对噪声的衰减作用

1/1 倍频带中心频率/Hz	NR/dB	1/1 倍频带中心频率/Hz	NR/dB
31.5	4	1 000	21
63	7	2 000	27
125	8	4 000	22
250	12	8 000	21
500	17		

3）边界阻尼

若接收点舱室隔壁就是噪声源舱室,则在两舱室的边界上增加阻尼也可以有效地抑制结构噪声和空气声的传递。对于自由阻尼,该方法对接收点舱室空气声级的降低量如表 6-17 所示。

表 6-17　边界阻尼对接收点舱室空气声级的降低量

1/1 倍频带中心频率/Hz	NR/dB	1/1 倍频带中心频率/Hz	NR/dB
31.5	0	1 000	5
63	1	2 000	5
125	2	4 000	5
250	4	8 000	5
500	5		

船舶主要机电设备噪声源强度

以下数据均参考 *Design Guide for Shipboard Airborne Nosie Control*，*T&R Bulletin 1983* 相关经验数据，是经过修正后所获得。

1. 空气声源强(声功率级)

［柴油机］

1) 进气噪声

(1) 当进气管管口在机舱外时，舱内进气噪声实际上是指机舱内的一段进气管道辐射的噪声。此时，进气噪声可从机壳辐射噪声中分离出来单独计算。在进气法兰处管内进气噪声的基础级由下式给出

$$L_{WB} = 58.3 + 10\lg(W) \tag{F1-1}$$

其中：W 为柴油机额定功率，kW。

1/1 倍频带增值 ΔL（进气噪声）如表 F1-1 所示。

表 F1-1　1/1 倍频带增值 ΔL(进气噪声)

转速 /(r·min^{-1})	进气系统	1/1 倍频带中心频率/Hz								
		31.5	63	125	250	500	1 000	2 000	4 000	8 000
$N<600$	接罗茨风机	21	21	27	28	26	24	20	13	4
	不接罗茨风机	18	18	24	25	23	21	17	10	1
$6 \leqslant N < 1\,500$	接罗茨风机	12	20	17	22	33	31	25	20	9
	不接罗茨风机	19	24	26	24	26	25	23	19	13

转速 /(r·min⁻¹)	进气系统	1/1 倍频带中心频率/Hz								
		31.5	63	125	250	500	1 000	2 000	4 000	8 000
N≥1 500	接罗茨风机	16	24	31	31	30	32	30	23	16
	不接罗茨风机	13	21	28	28	27	29	27	20	13

注：N 为柴油机转速，r/min。

进气管管内噪声对机舱声压级的贡献与舱内进气管道的尺度及管壁传声损失有关。因此由上述方法计算所得的管内噪声级 L_W 还需增加以下修正值：

圆管：$10\lg(4L/D)-TL$　（L 为管长，D 为管径）

矩形管：$10\lg(PL/A)-TL$　（P 为周长，L 为管长，A 为横截面积）

其中：TL 为管壁传声损失，dB。

（2）当进气管管口在机舱内时，进气噪声与机壳辐射噪声合而为一，就不必另外计算。

2）排气噪声

如果没有安装消声器，在与机器连接的法兰处排气管管内噪声的基础级由下式给出

$$L_{WB}=72.3+10\lg(W) \tag{F1-2}$$

其中：W 为柴油机额定功率，kW。

1/1 倍频带增值 ΔL（排气噪声）如表 F1-2 所示。

表 F1-2　1/1 倍频带增值 ΔL（排气噪声）

ΔL	1/1 倍频带中心频率/Hz								
	31.5	63	125	250	500	1 000	2 000	4 000	8 000
有透平增压	38	34	40	36	28	24	18	8	0
无透平增压	44	40	46	42	34	30	24	14	6

排气管管内噪声的贡献与机舱内排气管道的尺度及管壁传声损失有关，计算方法与进气管相同。

3）发动机机壳辐射噪声

机壳辐射噪声的基础级为由下式给出

$$L_{WB} = 58.3 + 10\lg(W)　\text{（F1-3）}$$

（1）当机壳辐射噪声可与进气噪声分离时，1/1 倍频带增值 ΔL 如表 F1-3 所示。

表 F1-3　1/1 倍频带增值 ΔL（机壳辐射噪声可与进气噪声分离时）

转速 /(r·min⁻¹)	进气系统	1/1 倍频带中心频率/Hz								
		31.5	63	125	250	500	1 000	2 000	4 000	8 000
N<600	接罗茨风机	4	6	15	18	17	15	11	4	0
	不接罗茨风机	1	3	12	15	14	12	8	1	0
600≤N<1 500	接罗茨风机	0	7	5	11	23	24	20	15	3
	不接罗茨风机	5	11	14	13	16	18	18	14	7
N≥1 500	接罗茨风机	4	11	19	18	18	23	25	20	14
	不接罗茨风机	1	8	16	15	15	20	22	17	11

（2）当机壳辐射噪声与进气噪声不能分离时，1/1 倍频带增值 ΔL 如表 F1-4 所示。

表 F1-4　1/1 倍频带增值 ΔL（机壳辐射噪声与进气噪声不能分离时）

转速 /(r·min⁻¹)	进气系统	1/1 倍频带中心频率/Hz								
		31.5	63	125	250	500	1 000	2 000	4 000	8 000
N<600	接罗茨风机	21	21	27	28	26	24	20	13	4
	不接罗茨风机	18	18	24	25	23	21	17	10	1
600≤N<1 500	接罗茨风机	12	20	17	22	33	32	26	21	10
	不接罗茨风机	19	24	26	24	26	26	24	20	14
N≥1 500	接罗茨风机	16	24	31	31	30	32	31	25	18
	不接罗茨风机	13	21	28	28	27	29	28	22	15

4）柴油机总噪声级

$$L_W = 10\lg\left(\sum_{i=1}^{3} 10^{0.1 \cdot L_w^i}\right) \qquad (F1-4)$$

其中：$i=1$ 进气噪声；$i=2$ 排气噪声；$i=3$ 机壳辐射噪声。

[燃气轮机]

燃气轮机辐射的空气声同样主要由进气噪声、排气噪声和机壳辐射噪声三部分构成。

1）大型燃气轮机（约 20 000 马力）

目前，大型推进用燃气轮机的空气声源强度的估算还不能找到合适的公式化方法。输出功率在 20 000 马力左右的大型燃气轮机代表性的声功率级如表 F1-5 所示。

表 F1-5　输出功率在 20 000 马力左右的大型燃气轮机代表性的声功率级

L_W	1/1 倍频带中心频率/Hz								
	31.5	63	125	250	500	1 000	2 000	4 000	8 000
进气噪声	111	111	118	116	120	121	130	132	130
排气噪声	119	119	122	126	121	122	127	127	121
机壳辐射噪声（无箱装体）	110	110	111	109	114	117	119	124	116
机壳辐射噪声（有箱装体）	106	102	101	98	95	93	92	93	91

2）中型燃气轮机（4 000～15 000 马力）

（1）进气噪声。首先，进气管与机器连接的法兰处管内噪声的基础级由下式给出

$$L_{WB} = 59 + 15\lg(W) \qquad (F1-5)$$

其中：W 为燃气轮机的额定功率，kW。然后，考虑燃气轮机压气机的转速频率及叶片通过频率的修正。

根据转速频率及叶片通过频率的谐振及亚谐振频率 f^* 落入的 1/1 倍频带

按表 F1-6 取用增值 ΔL 。

表 F1-6　谐振及亚谐振频率 f^* 落入的 1/1 倍频带

f^*	$1/4\times$ RR	$1/2\times$ RR	RR	$2\times$ RR	$1/8\times$ BR	$1/4\times$ BR	$1/2\times$ BR	BR	$2\times$ BR	$4\times$ BR
ΔL	1	2	3	2	3	6	12	18	15	12

注：① RR 为转速频率，$RR = N/60$，N 为转速，r/min。BR 为叶片通过频率，$BR = Z \times RR$，Z 为第一级压气机的叶片数。
　② 当不止一个 f^* 落入某一 1/1 倍频带时，ΔL 叠加计算。

（2）排气噪声。如果没有安装消声器，在与机器连接的法兰处排气管管内噪声的基础级由下式给出

$$L_{WB} = 74.3 + 10\lg(W) \tag{F1-6}$$

其中：W 为燃气轮机的额定功率，kW。

1/1 倍频带增值 ΔL 如表 F1-7 所示。

表 F1-7　1/1 倍频带增值 ΔL（排气噪声）

1/1 倍频带中心频率/Hz	ΔL	1/1 倍频带中心频率/Hz	ΔL
31.5	22	1 000	20
63	22	2 000	16
125	22	4 000	11
250	22	8 000	4
500	22		

（3）机壳辐射噪声。机壳辐射噪声的基础级由下式给出

$$L_{WB} = 92.7 + 5\lg(W) \tag{F1-7}$$

其中：W 为燃气轮机的额定功率，kW。

1/1 倍频带增值 ΔL 如表 F1-8 所示。

3）小型燃气轮机（>4 000 马力）

对于功率小于 4 000 马力而转速大于 6 000 转的小型燃气轮机，其代表性的声功率级如表 F1-9 所示。

表 F1-8 1/1 倍频带增值 ΔL(机壳辐射噪声)

1/1 倍频带中心频率/Hz	ΔL	1/1 倍频带中心频率/Hz	ΔL
31.5	1	1 000	7
63	4	2 000	7
125	6	4 000	7
250	7	8 000	7
500	7		

注:上表给出的是修正值的上限而非准确值。

表 F1-9 1/1 倍频带中心频率(小型燃气轮机)

1/1 倍频带中心频率/Hz	进气噪声	排气噪声	机壳辐射噪声
31.5	105	108	85
63	109	114	91
125	113	120	97
250	112	121	103
500	108	113	104
1 000	112	114	109
2 000	116	113	114
4 000	124	114	117
8 000	118	111	119

各类燃气轮机总噪声源强度级是进气噪声、排气噪声和机壳辐射噪声三部分贡献之和,可利用式(F1-4)进行计算。

[锅炉]

锅炉的噪声源强度随其设计参数无明显变化,其代表性的 1/1 倍频带噪声频谱如表 F1-10 所示。

表 F1 - 10　1/1 倍频带噪声频谱

1/1 倍频带中心频率/Hz	L_W	1/1 倍频带中心频率/Hz	L_W
31.5	95	1 000	92
63	96	2 000	85
125	97	4 000	83
250	94	8 000	85
500	92		

注：以上数据不包括风机的贡献。

［蒸汽透平］

1）主蒸汽透平

推进用主蒸汽透平辐射噪声源强度受透平输出功率的影响较小，因此其 1/1 倍频带增值列于表 F1 - 11。

表 F1 - 11　主蒸汽透平 1/1 倍频带增值

1/1 倍频带中心频率/Hz	L_W	1/1 倍频带中心频率/Hz	L_W
31.5	90	1 000	93
63	95	2 000	91
125	97	4 000	90
250	93	8 000	87
500	93		

2）蒸汽透平发电机组

蒸汽透平发电机组的噪声源强度与其额定功率有关，其基础级由下式给出

$$L_{WB} = 60 + 10\lg(W) \tag{F1-8}$$

其中：W 为发电机组的额定功率，kW。

蒸汽透平发电机组 1/1 倍频带增值 ΔL 列于表 F1 - 12。

表 F1-12 蒸汽透平发电机组 1/1 倍频带增值

1/1 倍频带中心频率/Hz	静 态 励 磁	动 态 励 磁
31.5	2	14
63	7	10
125	8	8
250	12	12
500	10	10
1 000	10	13
2 000	11	11
4 000	6	7
8 000	5	8

注：该方法适用于发电机组工作在 50% 最大负荷以上工况条件。

[减速齿轮箱]

减速齿轮箱噪声的基础级由下式给出

$$L_{\mathrm{WB}} = 69.4 + 3.4\lg(W) + 3.4\lg(N) \tag{F1-9}$$

其中：W 为齿轮箱的额定负载，kW；N 为输出轴额定转速，r/min。

减速齿轮箱 1/1 倍频带增值 ΔL 列于表 F1-13。

表 F1-13 减速齿轮箱 1/1 倍频带增值 ΔL

1/1 倍频带中心频率/Hz	ΔL	1/1 倍频带中心频率/Hz	ΔL
31.5	8	1 000	15
63	9	2 000	16
125	10	4 000	12
250	12	8 000	0
500	14		

注：以上数据参考的是美国 AGMA-12 级主齿轮箱未做任何降噪处理的情况。上述数据不包含齿轮箱机座及船体基座辐射噪声。减速齿轮箱产生空气声的机理主要在大小齿轮间的啮合作用。其噪声频谱上的突出峰值处于轴的转速频率、齿啮合频率、前两者的调制频率以及它们的高次谐波频率上。

[泵]

大多数舰船上泵是范围很广的空气声源。下面估算的是泵本身的噪声级，它还需与驱动机(电动机、柴油机或透平等)的噪声级组合在一起，方能得出整个泵机组的空气声级。事实上，对于多数机组而言驱动机噪声往往高于泵本身。此外，有些泵机组在驱动机与泵之间还安装有减速齿轮，则后者的噪声也必须包含在机组总噪声级的估算之中。

1) 非往复泵

非往复泵噪声的基础级由下式给出

$$L_{WB} = 16.3 + 10\lg(W) + 15\lg(N) \tag{F1-10}$$

其中：W 为驱动机额定功率，kW；N 为泵转速，r/min。

相关 1/1 倍频带增值 ΔL 列于表 F1-14 及表 F1-15。

表 F1-14　离心泵和齿轮泵 1/1 倍频带增值 ΔL

ΔL	1/1 倍频带中心频率/Hz								
	31.5	63	125	250	500	1 000	2 000	4 000	8 000
离心泵	25	25	26	26	27	29	26	23	18
齿轮泵	35	35	36	36	37	39	36	33	28

表 F1-15　空蚀泵 1/1 倍频带增值 ΔL

ΔL	1/1 倍频带中心频率/Hz								
	31.5	63	125	250	500	1 000	2 000	4 000	8 000
空泵蚀	0	0	0	1	3	6	10	13	5

2) 往复泵

往复泵噪声与泵的额定压头关系密切，而受排量影响较小。

往复泵噪声的基础级由下式给出

$$L_{WB} = -145 + 30\lg(p) \tag{F1-11}$$

其中：p 为泵的额定压头，N/m²。

往复泵 1/1 倍频带增值 ΔL 列于表 F1 – 16。

表 F1 – 16 往复泵 1/1 倍频带增值 ΔL

1/1 倍频带中心频率/Hz	ΔL	1/1 倍频带中心频率/Hz	ΔL
31.5	5	1 000	25
63	11	2 000	22
125	15	4 000	15
250	21	8 000	9
500	29		

[空压机]

空压机噪声系空压机本身和驱动电机及减速齿轮的噪声之组合,下面列出的仅是空压机本身的噪声级。与往复式活塞泵相似,空压机噪声受其排量影响不是很大。

1) 往复式空压机

驱动电机额定功率在 75 kW 以下、未采用噪声控制措施(如进气系统只有空气滤清器,未安装进气消声器)的往复式空压机空气声源强度列于表 F1 – 17。

表 F1 – 17 往复式空压机空气声源强度

1/1 倍频带中心频率/Hz	L_W	1/1 倍频带中心频率/Hz	L_W
31.5	108	1 000	101
63	108	2 000	100
125	108	4 000	95
250	112	8 000	95
500	110		

2) 离心式空压机

离心式空压机空气声源强度列于表 F1 – 18。

表 F1 - 18　离心式空压机空气声源强度

声功率范围	1/1 倍频带中心频率/Hz								
	31.5	63	125	250	500	1 000	2 000	4 000	8 000
$P<7.5$ kW	93	95	98	102	102	93	92	85	82
7.5 kW$\leqslant P<75$ kW	98	100	102	107	107	98	97	90	87
$N\geqslant75$ kW	103	105	108	112	112	108	102	95	92

[空调与制冷压缩机]

往复式制冷机组、离心式制冷机组及空调机组的噪声由压缩机本身、驱动电机及减速齿轮的噪声组合而成。下面给出的仅是压缩机本身噪声的声功率级。

1) 往复式压缩机

在往复式压缩机噪声频谱中以低频成分占优势,主要分布在转速频率、活塞频率(转速频率×活塞数)及它们的高次谐波频率上。

驱动电机功率在 37.5 kW 以下的往复式压缩机空气声源强度列于表 F1 - 19。

表 F1 - 19　往复式压缩机空气声源强度

1/1 倍频带中心频率/Hz	L_W	1/1 倍频带中心频率/Hz	L_W
31.5	86	1 000	98
63	95	2 000	95
125	93	4 000	91
250	98	8 000	86
500	98		

2) 离心式压缩机

离心式压缩机噪声受负载及转速等参数影响不大。陆用机组比船用机组噪声要高。因船用机组数据匮乏,故下面给出的是近似值。

在 373 kW 以下的离心式压缩机空气声源强度如表 F1 - 20 所示。

表 F1‑20　离心式压缩机空气声源强度

驱动方式	1/1 倍频带中心频率/Hz								
	31.5	63	125	250	500	1 000	2 000	4 000	8 000
直接驱动	92	93	94	95	97	102	98	93	94
齿轮驱动	93	95	96	98	102	105	105	103	97

[发电机]

在发电机组中,发电机的噪声事实上总是被原动机及减速齿轮的噪声所掩盖,除非后者采取了安装防护罩或其他降噪措施。在某些场合,发电机振动引起的机座及船体基座的声辐射将对整个机组噪声产生一定影响。

发电机噪声频谱在低频域,以其转速频率、电极通过频率及它们的低阶谐波频率上的频带噪声级占优势。由于不可避免地混杂有原动机及减速齿轮噪声,故按下式估算得出的数据只是非常粗糙的近似值。

发电机噪声基础级按下式计算

$$L_{WB} = 34 + 10\lg(W) + 7\lg(N) \qquad (F1‑12)$$

其中:W 为发电机额定功率,kW;N 为发电机额定转速,r/min。

(1) 静态励磁发电机 1/1 倍频带增值 ΔL 列于表 F1‑21。

表 F1‑21　静态励磁发电机 1/1 倍频带增值 ΔL

1/1 倍频带中心频率/Hz	ΔL	1/1 倍频带中心频率/Hz	ΔL
31.5	8	1 000	10
63	11	2 000	8
125	12	4 000	5
250	13	8 000	0
500	13		

(2) 动态励磁发电机 1/1 倍频带增值 ΔL 。包含励磁机槽隙频率的倍频带噪声级应增加 5 dB(槽隙频率=励磁机转速频率×励磁机转子上的槽隙数)。

［电动机］

电动机是机舱及辅机舱中重要的空气声源,尤其是转速为 3 000 r/min 的全封闭风冷电动机。电动机上主要噪声源为冷却风扇的空气动力性噪声。

电动机噪声级取决于额定功率、转速及电动机型号。

1) 全封闭风冷电动机

$$L_{WB} = 6.7 + 13\lg(W) + 15\lg(N) \tag{F1-13}$$

其中:W 为电动机额定功率,kW;N 为电动机额定转速,r/min。

电动机 1/1 倍频带增值 ΔL 列于表 F1-22。

表 F1-22　电动机 1/1 倍频带增值

类　型	1/1 倍频带中心频率/Hz								
	31.5	63	125	250	500	1 000	2 000	4 000	8 000
交流电动机	5	6	10	14	15	15	14	8	1
直流电动机	0	0	5	10	15	15	14	8	1

注:这种电动机的声辐射具有明显的指向性,在冷却风扇进风端的噪声级会比另一端(被驱动机械端)的噪声高出 10 dB。

2) 防滴漏型电动机

在同样额定功率和转速条件下,防滴漏型电动机噪声的基础级比全封闭风冷电动机一般要低 10 dB。

［通风风扇］

大多数舰船上通风系统风扇是分布很广的一种空气声源。风扇进风口噪声的基础级按下式计算

$$L_{WB} = -50.1 + 10\lg(V) + 20\lg(sp) \tag{F1-14}$$

其中:V 为风扇体积流量,m³/h;sp 为风扇静压头,N/m²。

通风风扇 1/1 倍频带增值 ΔL 列于表 F1-23。

表 F1-23　通风风扇 1/1 倍频带增值

风扇种类	*BPF	31.5	63	125	250	500	1 000	2 000	4 000	8 000
					1/1 倍频带中心频率/Hz					
离心式(翼型)	5	36	39	38	36	30	27	24	19	15
离心式(后弯)	5	36	41	37	37	36	35	30	26	21
离心式(前弯)	0	42	50	46	41	36	31	28	26	23
径流式	6	51	55	50	48	41	40	36	36	35
贯流式	5	50	46	39	40	37	37	33	32	26
翼型轴流式	4	44	46	47	48	48	48	46	42	41
轴流式	4	45	42	44	45	47	45	45	40	37
螺旋桨式	5	53	50	49	48	47	45	44	42	37

注：* BPF 为叶片通过频率附加值，需增加在包含叶片通过频率 f_{BP} 的频带上。

$$f_{BP} = Z \cdot N/60$$

其中：Z 为叶片数；N 为转速，r/min。

［强制鼓风机］

1）离心式鼓风机

当缺乏实测数据时，离心式鼓风机进气噪声级和排气噪声级可按照此前"通风风扇"源强计算中离心式通风风扇的计算过程进行估算。

2）轴流式鼓风机

轴流式鼓风机进气噪声及排气噪声的基础级按下式进行计算

$$L_{WB} = 59 + 15\lg(W) \qquad\qquad (F1-15)$$

其中：W 为轴流式鼓风机额定功率，kW。

根据转速频率及叶片通过频率的分数频率或倍频 f^* 落入的 1/1 倍频带按表 F1-24 取用增值 ΔL。

如果该轴流式鼓风机具有多级叶片，计算排气噪声时应采用末级叶片数来计算叶片通过频率。

表 F1-24　转速频率及叶片通过频率的分数频率或倍频所在频带修正

f^*	$\frac{1}{4}\times RR$	$\frac{1}{2}\times RR$	RR	$2\times RR$	$\frac{1}{8}\times BR$	$\frac{1}{4}\times BR$	$\frac{1}{2}\times BR$	BR	$2\times BR$	$4\times BR$
ΔL	1	2	3	2	3	6	12	18	15	12

注：① RR 为转速频率，$RR=N/60$，Hz；BR——叶片通过频率，$BR=Z\times RR$，Hz。
N 为转速，r/min；Z 为叶片数。
② 当不止一个 f^* 落入某一 1/1 倍频带时，几个 ΔL 叠加计算。

［制冷机组与风扇-盘管装置］

1）制冷机组

包括风扇冷却判盘管和压缩机的空调装置，它们尺度变化范围不大，噪声级也相近。其 1/1 倍频带噪声频谱如表 F1-25 所示。

表 F1-25　制冷机组 1/1 倍频带噪声频谱

1/1 倍频带中心频率/Hz	L_w	1/1 倍频带中心频率/Hz	L_w
31.5	75	1 000	62
63	72	2 000	57
125	77	4 000	51
250	73	8 000	48
500	68		

2）风扇-盘管装置

噪声基础级按下式计算

$$L_\mathrm{WB}=0.8+20\lg(V) \tag{F1-16}$$

其中：V 为空气体积流量，$\mathrm{m^3/h}$。

风扇-盘管装置 1/1 倍频带增值 ΔL 如下表：

表 F1-26　风扇-盘管装置 1/1 倍频带增值

1/1 倍频带中心频率/Hz	ΔL	1/1 倍频带中心频率/Hz	ΔL
31.5	22	125	16
63	19	250	13

1/1 倍频带中心频率/Hz	ΔL	1/1 倍频带中心频率/Hz	ΔL
500	10	4 000	2
1 000	7	8 000	0
2 000	4		

[管道中的流噪声]

通风空调系统管道内的气流遇到管路转弯、分叉、节流阀或管径变化处会产生噪声，通过管道消声器以及管道末端扩散器时也会产生流噪声。

1) 末端扩散器空气声

基础级按下式计算

$$L_{WB} = -11 + 10\lg(A) + 30\lg(\Delta p) - 60\lg(v) \qquad (F1-17)$$

其中：A 为风管横截面积，m^2；Δp 为压力降，N/m^2；v 为气流速度，m/s。

末端扩散器空气声源强度如表 F1-27 所示。

表 F1-27　末端扩散器空气声源强度

气流速度/(m/s)	1/1 倍频带中心频率/Hz								
	31.5	63	125	250	500	1 000	2 000	4 000	8 000
2	33	38	41	43	43	38	34	27	21
3	38	43	48	51	53	50	46	41	34
4	44	51	56	59	61	60	56	51	45
5	47	54	61	65	67	67	64	59	53
6	50	57	64	69	73	74	71	67	62
8	54	60	68	73	77	79	78	74	69
10	57	65	72	77	83	85	85	82	78
13	59	67	74	80	85	88	89	87	81
16	61	79	78	84	89	93	95	93	89
20	68	73	80	88	94	98	101	99	97

2）直角弯头噪声

说明：当气流速度≤10 m/s 时弯头引起的气流噪声可以忽略不计。

基础级按下式计算

$$L_{WB} = 20.5 - 20\lg(d) + 70\lg(v) + 10\lg(A) \tag{F1-18}$$

其中：d 为风管横截面平均尺度，mm；v 为气流速度，m/s；A 为风管横截面积，m^2。

弯头管噪声 1/1 倍频带增值列于表 F1-28。

表 F1-28　弯头管噪声 1/1 倍频带增值

1/1 倍频带中心频率/Hz	ΔL	1/1 倍频带中心频率/Hz	ΔL
31.5	24	1 000	9
63	21	2 000	6
125	18	4 000	3
250	15	8 000	0
500	12		

3）直角分叉支管噪声

基础级按下式计算

$$L_{WB} = 75 - 25\lg(d) + 50\lg(v) + 10\lg(A) \tag{F1-19}$$

其中：d 为主管横截面平均尺度，mm；v 为支管内气流速度，m/s。A 为主管横截面积，m^2。

直角分叉管噪声 1/1 倍频带增值列于表 F1-29。

表 F1-29　直角分叉管噪声 1/1 倍频带增值

1/1 倍频带中心频率/Hz	ΔL	1/1 倍频带中心频率/Hz	ΔL
31.5	38	1 000	15
63	33	2 000	11
125	29	4 000	6
250	24	8 000	1
500	20		

4) 消声器气流噪声

和管路中其他部件一样,气流通过消声器也会产生噪声。如果设计不当,这种噪声甚至会超过没有消声器时的管路传递过去的噪声。也就是说,加消声器后噪声比原来还高。

消声器气流通过噪声的基础级按下式计算

$$L_{WB} = -61 + 80\lg(v) + 10\lg(A) \qquad (F1-20)$$

其中:v 为消声器中平均气流速度,m/s;A 为消声器中的自由横截面积,m²。

消声器气流噪声 1/1 倍频带增值列于表 F1-30。

表 F1-30　消声器气流噪声 1/1 倍频带增值

1/1 倍频带中心频率/Hz	ΔL	1/1 倍频带中心频率/Hz	ΔL
31.5	22	1 000	9
63	22	2 000	9
125	22	4 000	3
250	22	8 000	0
500	18		

[电气设备冷却风扇]

对于安装冷却封山的电气设备,其中的冷却风扇很可能是主要噪声源。如果缺乏实测数据,可以按照通风系统风扇的噪声级进行估算。但其估算结果只能作为极粗略的近似值,因为对于设备中冷却风扇发出噪声所起的作用而言,风扇在设备内部空间的配置情况也十分重要。当需要精确预估时,一定要对该设备进行实测。

2. 结构噪声声源强(振动加速度)

[柴油机]

柴油机结构噪声基础级按下式计算

$$L_{aB} = 129.8 - 20\lg(G) + 20\lg(W) + 30\lg(N_a/N) \qquad (F1-21)$$

其中：G 为柴油机总质量，kg；W 为柴油机额定功率，kW。

N_a 为柴油机实际转速，r/min；N 为柴油机额定转速，r/min。

柴油机结构噪声 1/1 倍频带增值列于表 F1 - 31。

表 F1 - 31 柴油机结构噪声 1/1 倍频带增值

1/1 倍频带中心频率/Hz	ΔL	1/1 倍频带中心频率/Hz	ΔL
31.5	0	1 000	27
63	5	2 000	29
125	11	4 000	27
250	16	8 000	22
500	21		

[燃气轮机]

1）大型燃气轮机

输出功率在 20 000 马力左右的大型燃气轮机代表性的结构噪声源强度列于表 F1 - 32。

表 F1 - 32 大型燃气轮机结构噪声源强度

1/1 倍频带中心频率/Hz	L_a	1/1 倍频带中心频率/Hz	L_a
31.5	107	1 000	113
63	109	2 000	115
125	114	4 000	120
250	112	8 000	121
500	112		

2）中型燃气轮机

输出功率在 4 000～16 000 马力的中型燃气轮机代表性的结构噪声源强度列于表 F1 - 33。

3）小型燃气轮机

输出功率在 4 000 马力以下的小型燃气轮机代表性的结构噪声源强度列于表 F1 - 34。

表 F1-33　中型燃气轮机结构噪声源强度

1/1 倍频带中心频率/Hz	L_a	1/1 倍频带中心频率/Hz	L_a
31.5	110	1 000	122
63	108	2 000	122
125	121	4 000	121
250	122	8 000	121
500	123		

注：在压气机转速频率以及第一级压气机叶片通过频率的 1~4 倍频所在的 1/1 倍频带上表 F1-33 数据需增加 5 dB。

表 F1-34　小型燃气轮机结构噪声源强度

1/1 倍频带中心频率/Hz	L_a	1/1 倍频带中心频率/Hz	L_a
31.5	91	1 000	146
63	107	2 000	142
125	118	4 000	148
250	124	8 000	149
500	120		

[锅炉和蒸汽透平]

锅炉和蒸汽透平在船上并不引起较大的结构振动，因此可以不作为主要结构噪声源来考虑。

[减速齿轮箱]

在若干种船用齿轮箱测量数据基础上，得出减速齿轮箱结构噪声级频谱的包络线，故这种估计值偏安全。

全速、满负载运转条件下结构噪声基础级按下式计算

$$L_{aB} = 68.3 + 10\lg(W) \tag{F1-22}$$

其中：W 为齿轮箱额定负载，kW。

减速齿轮箱结构噪声 1/1 倍频带增值列于表 F1-35。

表 F1-35 减速齿轮箱结构噪声 1/1 倍频带增值

1/1 倍频带中心频率/Hz	ΔL	1/1 倍频带中心频率/Hz	ΔL
31.5	0	1 000	33
63	9	2 000	33
125	3	4 000	28
250	8	8 000	18
500	22		

[泵]

1) 非往复泵

结构噪声基础级为按下式计算

$$L_{aB} = 81.3 + 10\lg(W) \tag{F1-23}$$

其中：W 为驱动电动机额定功率，kW。

非往复泵结构噪声 1/1 倍频带增值列于表 F1-36。

表 F1-36 非往复泵结构噪声 1/1 倍频带增值

ΔL	1/1 倍频带中心频率/Hz								
	31.5	63	125	250	500	1 000	2 000	4 000	8 000
离心泵	0	8	21	19	23	24	20	24	23
齿轮泵	10	21	34	32	37	38	34	44	45

2) 往复式活塞泵

结构噪声基础级按下式计算

$$L_{aB} = -138.5 + 10\lg(W) + 30\lg(P) \tag{F1-24}$$

其中：W 为驱动电动机的额定功率，kW；P 为泵额定压头，N/m²。

往复式活塞泵结构噪声 1/1 倍频带增值 ΔL 列于表 F1-37。

表 F1 - 37 往复式活塞泵结构噪声 1/1 倍频带增值

1/1 倍频带中心频率/Hz	ΔL	1/1 倍频带中心频率/Hz	ΔL
31.5	0	1 000	10
63	7	2 000	7
125	10	4 000	4
250	9	8 000	7
500	7		

[空压机和制冷空调系统压缩机]

1）往复式空压机

结构噪声基础级按下式计算

$$L_{aB} = 102.3 + 10\lg(W) \qquad (F1 - 25)$$

其中：W 为驱动电机的额定功率，kW。

往复式空压机结构噪声 1/1 倍频带增值 ΔL 列于表 F1 - 38。

表 F1 - 38 往复式空压机结构噪声 1/1 倍频带增值

1/1 倍频带中心频率/Hz	ΔL	1/1 倍频带中心频率/Hz	ΔL
31.5	0	1 000	10
63	7	2 000	7
125	10	4 000	4
250	9	8 000	7
500	7		

2）离心式空压机

由于对于驱动电机转速为 3 600 r/min、功率范围为 35～150 kW 的离心式空压机，结构噪声级 L_a 列于表 F1 - 39。

表 F1 - 39　离心式空压机结构噪声 1/1 倍频带增值

L_a	1/1 倍频带中心频率/Hz								
	31.5	63	125	250	500	1 000	2 000	4 000	8 000
直接驱动	100	120	130	125	125	130	135	135	140
齿轮减速驱动	103	121	132	128	130	133	142	145	143

制冷压缩机与通风空调系统压缩机估算方法也参照以上方法。（注：泵本身的结构噪声须与驱动电动机的结构噪声能量相加，以获得整个泵机组的结构噪声级。）

[发电机]

对发电机结构噪声级进行实测时，测量数据中不可避免地会混杂着机组中的原动机及减速齿轮箱对机组结构噪声的贡献，因此下面的估算公式只是近似式。发电机结构噪声频谱图以转速频率、电极通过频率以及它们的低阶谐频处的 1/1 倍频带成分为主。基础级按下式计算

$$L_{aB} = 62 + 10\lg(W) + 10\lg(N) \tag{F1-26}$$

其中：W 为发电机额定功率，kW；N 为发电机额定转速，r/min。

离心式空压机结构噪声 1/1 倍频带增值列于表 F1 - 40。

表 F1 - 40　离心式空压机结构噪声 1/1 倍频带增值

1/1 倍频带中心频率/Hz	ΔL	1/1 倍频带中心频率/Hz	ΔL
31.5	0	1 000	17
63	11	2 000	18
125	14	4 000	18
250	14	8 000	18
500	16		

[电动机]

由于在电动机所驱动的辅机上测量到的振动往往比电动机本身振动更占优

势,因此电动机结构噪声级的数据不是很多。

1) 交流电动机

表 F1 - 41 所列数据构成包络线,即绝大多数交流电动机结构噪声源强度级频谱最大值。

表 F1 - 41　交流电动机结构噪声源强度

1/1 倍频带中心频率/Hz	L_a	1/1 倍频带中心频率/Hz	L_a
31.5	112	1 000	112
63	112	2 000	112
125	112	4 000	112
250	112	8 000	112
500	112		

2) 直流电动机

直流电动机并不是显著的结构噪声源。表 F1 - 42 所列数据只是直流电动机结构噪声级的粗略近似值,并未反映对转速和功率的依赖关系。

表 F1 - 42　直流电动机结构噪声源强度

1/1 倍频带中心频率/Hz	L_a	1/1 倍频带中心频率/Hz	L_a
31.5	94	1 000	104
63	95	2 000	100
125	96	4 000	101
250	100	8 000	102
500	103		

[通风风扇]

通风风扇一般装有隔振器,因此它不是显著的结构噪声源。如果未装隔振器,其结构噪声源强度级的数据可向供应商索取。

[制冷机组与风扇-盘管装置]

对于包含压缩机的制冷机组,其结构噪级主要取决于压缩机的振动,风扇振动可忽略。压缩机结构噪声级的估算参见前文。如果机组中的压缩机是弹性安装的，则压缩机的源强度级减去弹性安装件的振级落差即得到机组的结构噪声源强度级。

附录 2

▽

结构噪声和空气声相互转换

1. 结构噪声-空气声转换

振动的板壳结构产生向周围空气中的声辐射，辐射声功率的大小取决于振动速度、振动结构的尺寸以及表面振动模态。在舰船舱室里，向室内辐射空气声的舱壁(或甲板)由具有大致相同尺寸的单元板构成，而这些单元板的加速度级又大致相等。隔板(舱壁或甲板)辐射的声功率等于其所包含的单元板数目 n 与单元板声功率的乘积。

结构噪声-空气声传递函数定义为

$$TF = L_W - L_a \tag{F2-1}$$

其中：L_W 为隔板辐射空气声声功率级，dB；L_a 为隔板振动加速度级，dB。

首先计算单元板结构噪声到空气声的传递函数(dB)，然后加 $10\lg(n)$ 即得到整面隔板的传递函数。

对于没有安装结构噪声源的隔板，单元板数 n 等于隔板总面积除以单元板面积；对于安装有结构噪声源(指振动机械或其基座)的隔板而言，应将机械基座"影区"的尺寸在各方向上向外扩展 1 m，得出有效源面积 A_s、A_s 除以单元板面积即为有效的单元板数 n。

整面隔板的传递函数按下式计算

$$TF = 10\lg(A_p) + 10\lg(\sigma_{rad}) + 10\lg(n) - 20\lg(f) + 10.3 \tag{F2-2}$$

其中：f 为 1/1 倍频带中心频率，Hz；A_p 为单元板表面积，m^2；σ_{rad} 为单元板的辐射效率；n 为有效单元板数。

上式中 $10\lg(\sigma_{rad})$ 项在各频带的值的计算步骤如下：

(1)计算吻合频率 f_c 及相应的波长 λ_c。

$$f_c = 11\,430/h \tag{F2-3}$$

$$\lambda_{c} = 0.028\ 8\ h \qquad\qquad (F2-4)$$

其中：h 为板厚，mm。

（2）计算各 1/1 倍频带 (f/f_{c})。
其中：f 分别为以下 9 个 1/1 倍频带中心频率：

31.5、63、125、250、500、1 000、2 000、4 000、8 000。

（3）当 $(f/f_{c}) > 1.25$ 时，由下面图 F2-1 查出 $10\lg(\sigma_{rad})$ 值；

（4）当 $0.75 \leqslant (f/f_{c}) \leqslant 1.25$ 时，$10 \cdot \lg(\sigma_{rad}) = 3$ dB；

（5）当 $(f/f_{c}) < 0.75$ 时，按下列步骤进行：

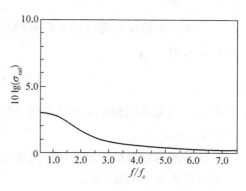

图 F2-1

① 计算 $(P\lambda_{c}/A_{p})$ 和 (λ_{c}^{2}/A_{p})，其中 A_{p} 为单元板面积，P 为单元板的周边长。$L^{e} = 10 \cdot \lg(\sigma_{rad}^{e})$。

② 根据 $(P\lambda_{c}/A_{p})$ 和 (f/f_{c}) 在下面图 F2-2 上查出 $L^{e} = 10\lg(\sigma_{rad}^{e})$。$\sigma_{rad}^{e}$ 为板的边缘辐射效率。

③ 根据 (λ_{c}^{2}/A_{p}) 和 (f/f_{c}) 在下面图 F2-3 上查出 $L^{c} = 10 \cdot \lg(\sigma_{rad}^{c})$。$\sigma_{rad}^{c}$ 为板的角隅辐射效率。

④ L^{e} 与 L^{c} 能量相加得：$10\lg(\sigma_{rad}) = 10 \cdot \lg(10^{0.1L^{e}} + 10^{0.1L^{c}})$。

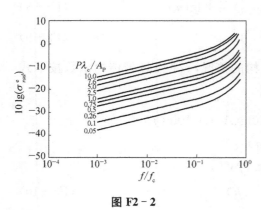

图 F2-2

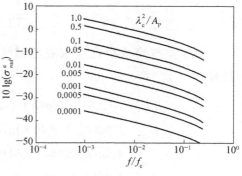

图 F2-3

2. 空气声-结构噪声转换

空气声入射在板壳结构上将激励起板壳结构振动。空气声—结构噪声传递函数定义为

$$TF = L_a - L_p \qquad (F2-5)$$

其中：L_a 为船体结构振动加速度级，dB；L_p 为源空间中入射在该船体结构上的声压级，dB。

该传递函数与被激励结构的面密度（钢板或铝板）以及环境条件（干板或有一面浸没在水中的板）有关。

对于空气声入射在干态舰船钢结构的一般情况，1/1 倍频带传递函数按下列两个公式计算后取低值

$$TF = 43.6 - 50\lg(h) + 10\lg(A_p) +$$
$$10\lg(f) + 10\lg(\sigma_{rad}) - 30\lg(a) \qquad (F2-6)$$

$$TF = 20 \qquad (F2-7)$$

对于空气声入射在干态舰船铝结构的情况，1/1 倍频带传递函数按下列两个公式计算后取低值

$$TF = 55.6 - 50\lg(h) + 10\lg(A_p) +$$
$$10\lg(f) + 10\lg(\sigma_{rad}) - 30\lg(a) \qquad (F2-8)$$

$$TF = 32 \qquad (F2-9)$$

对于空气声入射在浸水舰船钢结构的情况，1/1 倍频带传递函数按下式计算

$$TF = -3.6 - 20\lg(h) + 10\lg(A_p) + 10\lg(f) +$$
$$10\lg(\sigma_{rad}) - 20 \cdot \lg(a) -$$
$$10\lg(h/25.4 + 2.54(h/f)^{0.5}) +$$
$$10\lg(1.0 + 58.7(A_p)^{0.5}/h) \qquad (F2-10)$$

对于空气声入射在浸水舰船铝结构的情况，1/1 倍频带传递函数按下式计算

$$
\begin{aligned}
TF = {} & 1.4 - 20\lg(h) + 10\lg(A_{\mathrm{p}}) + 10\lg(f) + \\
& 10\lg(\sigma_{\mathrm{rad}}) - 20\lg(a) + \\
& 10\lg(h/25.4 + 7.06(h/f)^{0.5}) + \\
& 10\lg(1.0 + 167.6(A_{\mathrm{p}})^{0.5}/h)
\end{aligned}
\tag{F2-11}
$$

其中：f 为 1/1 倍频带中心频率，Hz；A_{p} 为结构板面积，m^2；h 为结构板厚度，mm；a 为结构板长宽比（$a > 1$）；σ_{rad} 为结构板声辐射效率（计算同结构噪声-空气声转换）。

参 考 文 献

［1］车驰东,徐旭敏,陆红干,等.新规范影响下的船舶早期声学设计［J］.船舶工程,2021(5)：10－16.

［2］甘霏斐,许斐,徐旭敏,等.基于声学额度分配的船舶早期声学设计［J］.船舶工程,2022(8)：19－25.

［3］陈端石,赵玫,周海亭.动力机械振动与噪声学［M］.上海：上海交通大学出版社,1996.

［4］张桂臣,车驰东,杨勇,等.船舶振动与噪声"源-路径-接受点"［J］.中国航海,2014(9)：108－111.